K. Krekeler

Das Schweissen im Schiffbau

K. Krekeler

Das Schweissen im Schiffbau

ISBN/EAN: 9783954270750
Erscheinungsjahr: 2012
Erscheinungsort: Bremen, Deutschland

© maritimepress in Europäischer Hochschulverlag GmbH & Co. KG, Fahrenheitstr. 1, 28359 Bremen. Alle Rechte beim Verlag und bei den jeweiligen Lizenzgebern.

www.maritimepress.de | office@maritimepress.de

Bei diesem Titel handelt es sich um den Nachdruck eines historischen, lange vergriffenen Buches. Da elektronische Druckvorlagen für diese Titel nicht existieren, musste auf alte Vorlagen zurückgegriffen werden. Hieraus zwangsläufig resultierende Qualitätsverluste bitten wir zu entschuldigen.

K. Krekeler

Das Schweissen im Schiffbau

Inhalt

	Seite

I. Stand und Aussichten des deutschen Schiffbaues 5

Die Fischdampfer 5
Die Schiffe für den Liniendienst 5
Das Petersberger Abkommen und seine Auswirkungen auf den Schiffbau 6
Die Aussichten des künftigen Schiffbaues 7
Die Entwicklungstendenzen des Antriebs 8
Zusammenfassung 9

II. Entwicklung der Schweißtechnik im Schiffbau 10

Vorteile der Schweißung gegenüber der Nietung 11

Dichtigkeit 11
Festigkeit 11
Gewichts- und Kostenersparnis 13
Schiffswiderstand 14

Schweißausführung, -konstruktion und Werkstoff 14

Schweißanlagen 15
    Einzelschweißgeräte 15
    Mehrstellenschweißanlagen 15
Schweißelektroden 19
Halbautomatische Schweißung 21
Automatische Schweißung 21
Maßnahmen zur Beherrschung der Schrumpfspannungen bei der Konstruktion 24
Maßnahmen zur Beherrschung der Schrumpfspannungen bei der Schweißausführung 25
Verwendung eines geeigneten Schiffbaustahles 28
Zusammenfassung 30

III. Das Schweißen der maschinellen Anlagen im Schiffbau 31

Das Schweißen von Schiffskesseln 31
Automatische Schweißverfahren 31
Auftragschweißung im Schiffbau 35
Schweißen der Schiffsmaschinen 37
Das Schweißen von Dampfturbinen und Schiffsdieselmaschinen 38
Sonstige Anwendungsgebiete der Schweißtechnik 40
Zusammenfassung 42
Literaturangaben 44

I. Stand und Aussichten des deutschen Seeschiffbaues

von Prof. Dr.-Ing. habil. K. Krekeler, Aachen.

Auf Grund der Potsdamer Bestimmungen, wonach Deutschland der Bau von Seeschiffen untersagt ist, und eine Anzahl solcher Werften demontiert wurden, die im Kriege mit der Durchführung von Rüstungsaufgaben beschäftigt waren, sind die deutschen Seeschiffswerften in eine Lage geraten, die es ihnen nur unter größten Schwierigkeiten gestattete, die Nachkriegszeit bis heute durchzustehen. Folgende in der ganzen Welt bekannten Schiffswerften sind der Demontage verfallen:

- Blohm & Voß, Hamburg
- Deutsche Schiff- und Maschinenbau AG., Werk Weser, Bremen
- Fried. Krupp Germaniawerft AG., Kiel
- Deutsche Werke Kiel AG., Kiel
- Deutsche Werft AG., Hamburg, Reiherstieg.

Die meisten bei Kriegsende noch vorhandenen Handelsschiffe mußten den Alliierten übergeben werden. So kam es, daß die gesamte deutsche Handelsflotte gegen Ende des Jahres 1948 nur wenig mehr als 160 000 BRT umfaßte. Hinzu kamen eine Anzahl sogen. X-Schiffe, deren endgültige Besitzverhältnisse auch heute noch ungeklärt sind, wenn auch zu hoffen ist, daß sie ihren alten Eigentümern wieder zugesprochen werden. Das größte deutsche Handelsschiff war 1945 die »Söderhamm«, Baujahr 1899, der Reederei H. M. Gehrckens jr. in Hamburg, das eine Größe von rd. 1500 BRT hatte. Das Durchschnittsalter der uns verbliebenen Schiffe liegt sehr hoch. Der Senior unter ihnen ist mit einem Alter von fast 77 Jahren der »Pionier« von 422 BRT.

Die Fischdampfer

In gleicher Weise war die Flotte der deutschen Fischdampfer veraltet, die zu einem wesentlichen Teil aus den Jahren unmittelbar nach dem ersten Weltkrieg stammt. Die Größe dieser Schiffe ist völlig unzureichend und genügt nicht den Ansprüchen, die das Aufsuchen der ergiebigsten Fanggebiete mit ihren großen Entfernungen von den heimatlichen Häfen an die Seefähigkeit und den Aktionsradius stellen. Es ist daher verständlich, daß von den Kreisen der Hochseefischereien der erste Anstoß ausging, der den Neubau von modernen Fischdampfern verlangte.

Nach einer Fülle von Schwierigkeiten und langwierigen Verhandlungen gelang es, einen Entwurf zu schaffen, der aus den geplanten Schiffen das Äußerste an Wirtschaftlichkeit herauszuholen geeignet war. Diese 34 Fahrzeuge waren die ersten Aufträge (Bild 1 und 2), die die Werften

Bild 1. Auf Helgen. Fischdampfer „Max Brauer", 400 BRT, erbaut 1949

buchen konnten und die es nach Jahren einer völligen Verödung der Helgenplätze wenigstens einigen Werften ermöglichte, den Stamm der Facharbeiter über die ärgste Zeit hinwegzubringen.

Die Schiffe für den Liniendienst

Zu Beginn des Jahres 1949 mehrten sich die Wünsche der Reeder nach einem Wiederaufbau von Diensten im Rahmen der uns auferlegten Direktiven.

Im Laufe des Jahres wurden insgesamt etwa 30 Schiffe bis zu der zugelassenen Grenze von 1500 BRT und einer Höchstgeschwindigkeit von 12 sm/std. in Auftrag gegeben, von denen einige bereits an ihre Besteller abgeliefert wurden (Bild 3), während der größte Teil im Laufe des Jahres

Bild 2. Auf der Probefahrt. Fischdampfer „Max Brauer" 400 BRT, erbaut 1949

in Fahrt gesetzt werden dürfte. Damit wird dann auch die Lage auf dem Arbeitsmarkt an der Wasserkante besser. Seit 1945 sitzen etwa 30 000 deutsche Seeleute an Land, ohne daß es der Mehrzahl von ihnen möglich war, einen geeigneten Arbeitsplatz zu finden, da sie durch ihre Ausbildung auf die Ausübung der Seefahrt angewiesen sind.

Inzwischen wurde auch die Hebung und Wiederinstandsetzung einer Anzahl größerer Frachtschiffe durch die Alliierten genehmigt. Ein Teil von ihnen ist inzwischen gehoben und wieder instandgesetzt. Ein Teil dieser Schiffe wurde verlängert, um ihre Wirtschaftlichkeit zu erhöhen (Bild 4 und 5).

Bild 3. Auf der Probefahrt. 1500 BRT-Frachtschiff „Martha Russ" erbaut bei Lübecker Flender-Werke A.G. Lübeck im Jahre 1949

Auch der Auftragseingang hat sich gemehrt. Während sich nämlich zu Beginn des Jahres 1949 nur etwa 32 Fischdampfer von 400 BRT im Bau befanden, umfaßten die Aufträge zu Beginn des laufenden Jahres in runden Zahlen etwa

25 Fischdampfer zu je 540 BRT
25 Frachtdampfer zu je etwa 1500 BRT
6 Frachtdampfer zu je etwa 1900 BRT
etwa 50 Küstenmotorschiffe je 250—300 BRT
und eine größere Anzahl von Behörden-Fahrzeugen.

Das Petersberger Abkommen und seine Auswirkung auf den Schiffbau

Das Petersberger Abkommen vom November 1949 legt die Bestimmungen für die Eigenschaften deutscher Schiffe neu fest, die als Neubauten von den Werften gebaut werden können oder als zweithändige Tonnage durch Kauf vom Ausland beschafft werden dürfen. Im wesentlichen besagen die Bestimmungen, daß die Schiffe 7200 BRT bei einer Geschwindigkeit von 12 sm/std. in beladenem Zustand nicht überschreiten dürfen. Wenn auch zugegeben werden muß, daß gegenüber dem bisherigen Zustand eine erhebliche Erleichterung eingetreten ist — insbesondere durch den Fortfall des Verbotes einer Verwendung von Dieselmotoren bei Schiffen mit einer Länge von mehr als 110 Fuß sowie der Anwendung der Ölfeuerung — so ist doch angesichts der Konkurrenz durch Schiffe anderer seefahrttreibender Nationen die Lage der deutschen überseeischen Schiffahrt sehr schwierig.

Es erscheint daher notwendig, alle technischen Möglichkeiten auszunutzen, um trotz der vorläufig noch bestehenden Beschränkungen einigermaßen konkurrenzfähig zu bleiben.

In den verflossenen Jahren haben sich Entwicklungen des Schiffs- und Schiffsmaschinen-Baues abgezeichnet, die im nachstehenden beschrieben werden sollen, um zu zeigen, welche Möglichkeiten sich damit auf diesem Gebiet ergeben.

Bild 4. SS „Emma Sauber".
Das Schiff nach der Hebung und erfolgtem Eindocken am 11.8.1949

Die Aussichten des künftigen Schiffbaues

Für den eigentlichen Schiffbau zeigen die in diesem Heft folgenden Aufsätze, welche Vorteile durch die Herstellung ganz geschweißter Schiffe hinsichtlich der Gewichts- und Zeitersparnis erreicht werden können. Nachdem die Alliierten uns genaue Vorschriften machen, welche Typen, Geschwindigkeiten und Größen wir bei den seegehenden Schiffen verwenden dürfen, müssen wir zusehen, ob über die universelle Anwendung der Schweißtechnik hinaus nicht noch weitere Möglichkeiten zur Verbesserung und Verbilligung gegeben sind.

Hierunter kann man in erster Linie die sogenannte Sektionsbauweise rechnen[1].

Bild 5. SS „Emma Sauber".
Das Schiff nach seiner Wiederherstellung und Verlängerung auf der Probefahrt am 2. 2. 1950

Das Schiff wird in Baugruppen zerlegt, die in der Vorfabrikation und der Vormontage meist außerhalb der Helling fertiggestellt und dann auf der Werft zum fertigen Schiff zusammengesetzt werden. Bei konsequent durchgeführten Sektionsbauweisen ergibt sich auch hinsichtlich der Einzelteile, z. B. Armaturen und Rohrleitungen usw., zwangsläufig eine Typisierung, die gleichbedeutend mit einer Verbilligung ist. Unter diesen Umständen lohnt sich die Sektionsfertigung auch schon bei kleinen Serien, besonders dann, wenn sich die Werften zu Arbeitsgemeinschaften zusammenschließen, um die jeweils vorhandenen Einrichtungen gut ausnutzen zu können.

---

[1] Eine Parallele läßt sich im Waggonbau aufzeigen. Man kann die bisherige Schifffertigung mit der Standortfertigung und den Serienbau mit der Gruppenfertigung vergleichen: Heft 5 der Schriftenreihe des Verkehrsministeriums. Die möglichen Einsparungen werden sich beim Schiffbau in gleichen Höhen bewegen.

Zur Frage des Schutzes der Außenhaut gegen Bewuchs und Korrosion liefert das Aufspritzen von Kupfer, Zink und Quecksilberverbindungen ein wertvolles Mittel, zumal die Spritztechnik in den letzten Jahren erheblich vervollkommnet wurde (1). Bei einer Bewuchsdichte von 40% kann die Fahrtverminderung eines 18-Knoten-Schiffes bis zu 2,5 Knoten betragen. Um diese auszugleichen, wäre eine Verstärkung der Maschinenleistung um rund 50% notwendig. Das Beispiel zeigt, wie lohnend die Verfolgung dieses Problems ist.

Durch die weitgehende Anwendung der Schweißtechnik steht auch die Verwendung plattierter Bleche für Vorrats- und Lagertanks zur Diskussion. Da beim Schweißen überlappte Plattenstöße und Nähte wegfallen, bietet die Herstellung korrosionsfester Verbindungen keine Schwierigkeiten mehr.

Die Möglichkeit der Auskleidung solcher Räume mit Kunststoffolien oder gespritzten Kunststoffen ist soweit gediehen, daß man diesen Fragen ebenfalls vollste Aufmerksamkeit schenken sollte.

Der Erfahrungsaustausch über die Leichtmetallverwendung im Schiffbau wird auch möglichst bald wieder in Gang zu bringen sein, um alle Möglichkeiten der Gewichtsverminderung auszunutzen. Von besonderer Bedeutung ist schließlich die Verbesserung der Unterbringung und der Einrichtungen für die Mannschaft. Auf diesem Gebiet war Deutschland immer vorbildlich.

Die Entwicklungstendenzen des Antriebs

Die **Kolbendampfmaschine** als älteste Wärmekraftmaschine des Schiffbaues hat einen großen Teil ihres Anwendungsgebietes abgeben müssen. Immerhin waren aber von der Vorkriegswelthandelsflotte von rund 70 Mill. BRT noch 60% mit Kolbendampfmaschinen ausgerüstet. Für Leistungen bis etwa 4000 PS wird aus Gründen der Wirtschaftlichkeit, der Betriebssicherheit, der einfachen Bedienbarkeit usw. die Dampfmaschine vorläufig den Vorrang haben. Durch Einführung der Überhitzung und Bau einer Einheitsmaschine als Doppelverbundmaschine mit Ventilsteuerung wurde die Wirtschaftlichkeit weiter verbessert.

Der Einbau einer Abdampfturbine, die mit der Kolbenmaschine gekuppelt ist, brachte eine sehr ins Gewicht fallende Verringerung des Dampfverbrauches.

Die Möglichkeiten zur Anwendung des Schweißens im Dampfmaschinenbau sind noch nicht voll ausgenutzt.

Der Dampfkessel

Im Zusammenhang mit der Dampfmaschine muß auch die Entwicklung der Dampfkessel betrachtet werden. Der Dampfkessel bestimmt bei einer Dampfanlage weitgehend den Platzbedarf.

Die Tendenz ging dahin, durch eine Steigerung der Drücke und Temperaturen zum **Nur-Röhren-Kessel** zu kommen. Der mittlere Druck stieg (abgesehen von Spitzenleistungen) auf 54 bzw. 44 atü bei einer Maximal-Temperatur von 500° C. Die weitere Entwicklung ist eine Frage des Werkstoffes und seiner Verschweißbarkeit.

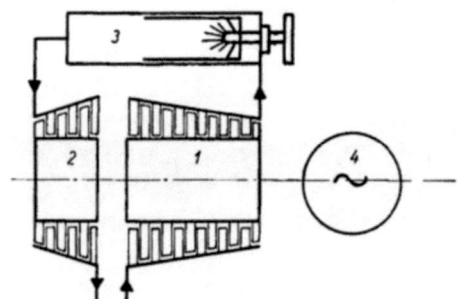

Bild 6. Schema einer Verbrennungsturbine
1 = Turboverdichter
2 = Gasturbine
3 = Brennkammer
4 = Generator

Die Schiffsturbinen

Durch Einführung der raschlaufenden Getriebeturbinen sind eine Reihe von Vorteilen erreicht worden. Neben einem günstigen Dampfverbrauch ergibt sich dabei die Möglichkeit der Verwendung hoher Drücke und Temperaturen bei geringem Raumbedarf der Maschinenanlage. **Bild 59** zeigt die geschweißte Ausführung einer Schiffsturbine.

Besondere Aussichten hat die Entwicklung der turbo-elektrischen Antriebe, zumal die allgemeine Ansicht, daß durch doppelte Umsetzung die Verluste unbedingt größer werden, nicht immer zutrifft, wie praktische Ergebnisse mit dem D. »Scharnhorst« gezeigt haben. Außerdem bietet die räumliche Trennung von Krafterzeugung und Propellerantrieb große Vorteile.

Der Verbrennungsturbine ist besondere Aufmerksamkeit zu widmen. Bei dieser Maschine wird der Brennstoff in Luft verbrannt, die Luft als Wärmeträger benutzt und unter Umgehung eines Zwischenmediums wie Wasser oder Dampf in einer Turbine in mechanische Energie umgewandelt. Bild 6 zeigt den schematischen Aufbau einer Verbrennungsturbine.

Der Dieselmotor

Im Jahre 1912 wurde das erste seegehende Schiff (MS »Selandia«) mit Dieselantrieb bei Burmeister und Wain in Kopenhagen erbaut und in Dienst gestellt. Nach langen zufriedenstellenden Betriebsjahren und wechselvollen Schicksalen ging es 1942 in japanischen Gewässern unter.

In der Zwischenzeit hat der Dieselantrieb in der Schiffahrt einen großen Auftrieb bekommen. Wie Bild 7 zeigt, gelang es, die Gewichte und den Raumbedarf erheblich zu senken.

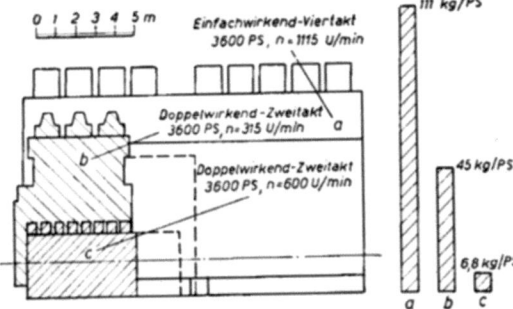

Bild 7. Raum- u. Gewichtvergleich dreier Dieselmotoren gleicher Leistung.

Die gestrichelt umrandete Fläche der beiden Zweitaktmotoren gibt den Raumbedarf des zugehörigen Spülluftgebläses an.

Die Anwendung der Schweißtechnik im Dieselmotorenbau zeigt Bild 63 und Bild 64.

Der dieselelektrische Betrieb bietet große Aussichten. Es müßte möglich sein, alle Antriebsanlagen zwischen 6000 und 16 000 PS mit einer gängigen Motortype von etwa 2000 PS nach dem Baukastensystem zusammenzustellen. Hier sind der deutschen Schiffsmotorenindustrie bei entsprechender Zusammenarbeit noch große Möglichkeiten gegeben. Besonders ins Gewicht fällt beim dieselelektrischen Antrieb der Vorteil, daß Krafterzeugungsanlage und Antrieb räumlich getrennt sein können.

Der Antrieb der Schiffe

Beim Antrieb der Schiffe muß man sich mit dem Gedanken vertraut machen, den Verstellpropeller weiter zu entwickeln. Dieses Maschinenelement ist von der Kaplanturbine und der Luftschraube übernommen worden. Bei gleichbleibender Drehzahl der Antriebsmaschine kann durch Veränderung des Anstellwinkels der Propellerflügel auf jede Geschwindigkeit zwischen Vorwärts- und Rückwärtsfahrt eingestellt werden. Die Auswirkungen auf die Rationalisierung der Kraftanlagen liegen dabei auf der Hand. Es sind schon Anlagen dieser Art mit Leistungen bis 3500 WPS mit gutem Erfolg ausgeführt worden.

Noch größere Regulierungsmöglichkeiten bietet der Voith-Schneider-Propeller, der Antrieb und Steuerung in einem Organ vereinigt. Diese bedeutende technische Entwicklung muß noch viel mehr ausgenutzt werden. Da ein Fahrzeug mit Voith-Schneider-Propellerantrieb lediglich durch Veränderung der Anstellung der Flügel auf der Stelle wenden, traversieren, vorwärts- und rückwärtsfahren kann, ist der Verwendungszweck besonders in engen Gewässern gegeben.

Zusammenfassung

Nach einem Überblick über den derzeitigen Stand des deutschen Seeschiffbaus und der Entwicklung, wie sie zur Zeit durch das Petersberger Abkommen vom November 1949 gegeben ist, werden die Möglichkeiten aufgezeichnet, die sich in Zukunft zur Stärkung der Wettbewerbsfähigkeit bieten. Sowohl beim Schiffbau wie beim Maschinen- und Getriebebau haben sich Entwicklungen angebahnt, die schon in naher Zukunft große Vorteile bringen können. Durch sinnvolle Gemeinschaftsarbeit, neue Fertigungsmethoden und weitgehende Anwendung der Schweißtechnik läßt sich die Lage des deutschen Schiffbaues bessern.

II. Entwicklung der Schweißtechnik im Schiffbau

Von Prof. Dr.-Ing. habil. K. Krekeler, Aachen, und Dr.-Ing. H. Schmidt-Bach, Aachen.

Das Schweißen ist aus dem Schiffbau heute nicht mehr wegzudenken. Die Entwicklung begann vor mehr als 40 Jahren mit der Anwendung der Gasschmelzschweißung zur Reparatur und Neufertigung von Schiffskesselanlagen, -maschinenteilen und -armaturen. Auf Grund der guten mechanischen Gütewerte und Dichtigkeit der Verbindungen eroberte sich dieses Verfahren schnell das Vertrauen der Schiffbauer, die erhofften, es an Stelle der schwierigen und komplizierten Nietverbindungen bei wasser- und öldichten Räumen sowie bei abzudichtenden Spantdurchführungen anwenden zu können. Versuche in dieser Richtung blieben jedoch wegen der verhältnismäßig großen Wärmezone des Autogenschweißverfahrens und den damit bedingten hohen Schrumpfungen und Verwerfungen erfolglos. Diese Erkenntnis besagte, daß zur Anwendung des Schweißens beim Bau des eigentlichen Schiffskörpers nur ein Verfahren zum Ziele führen konnte, dessen Schrumpfungen und Verwerfungen im Vergleich zur Gasschmelzschweißung wesentlich geringer sind. Diesen Bedingungen entspricht die elektrische Lichtbogenschweißung, die vor etwa 30 Jahren soweit entwickelt war, daß Schweißverbindungen ausreichender Sicherheit in zuverlässiger Weise hergestellt werden konnten. Damit setzte für den Schiffbau eine Umwälzung ein, mit der das ursprüngliche Ziel des Schiffbauers, die Schweißung als Dichtungsmittel zu verwenden, bald durch das Endziel des völlig geschweißten Schiffes abgelöst wurde.

Natürlich konnte der Übergang von der Nietfertigung zum völlig geschweißten Schiff nur allmählich, schrittweise vollzogen werden, da sowohl für den Schiffskörper als auch für die Bauausführung Erfahrungen gesammelt werden mußten. Entscheidend war es, daß sich der Konstrukteur von den Überlieferungen der genieteten Ausführung freimachte.

Die deutschen Werften hielten in dieser Entwicklung lange Zeit die Spitze. Die Tatsache, daß sich die Anwendung der elektrischen Schweißung auf dem Schiffskörper in Deutschland verhältnismäßig schnell vollzog, war nach B u r k h a r d t (2) nicht zuletzt eine Folge der nach dem ersten Weltkrieg bestehenden Schwierigkeiten in der Materialbeschaffung. Eines Tages drohte nämlich der Bau eines Schiffes zum Stillstand zu kommen, weil die erforderlichen Z-Profile nicht beschafft werden konnten und Ersatzprofile aus Gewichtsgründen nicht anwendbar waren. Daher wurde der Versuch unternommen, die Z-Profile durch ungleichschenklige Winkeleisen zu ersetzen und die Kanten ihres hohen Schenkels durch Schweißung mit der Beplattung zu verbinden. Durch diese Zwangslage wurde von vornherein die schweißgerechte Verbindungsart von Versteifung und Beplattung gewählt und nicht erst, wie dies im Auslande meist geschehen ist, in Überlieferung an die Nietung auch an der Beplattung ein Flansch vorgesehen.

Burkhardt teilt die Entwicklung zum völlig geschweißten Schiff in drei Stufen ein:

1. S t u f e : etwa 1924 bis 1927. Verschweißung der Profile und Versteifung mit den Beplattungen. Schweißung der Beplattungen sämtlicher wasserdichter Schotte, aller unteren Decks und Wände und Decken der Aufbauten.

2. S t u f e : 1927 bis 1930. Schweißung aller Stöße der Hauptlängsverbände, während die Nähte noch genietet blieben. Schweißung der Querschotte mit den angrenzenden Bauteilen.

3. S t u f e : ab 1931. Allmählicher Übergang zum Schweißen der Nähte der Hauptlängsverbände.

Auf Grund der schnellen Entwicklung im zweiten Weltkrieg kann man eine vierte Stufe feststellen.

4. S t u f e : ab 1940. Als solche könnte man heute noch die mit Beginn des 2. Weltkrieges von den USA-Werften aufgenommene Reihenfertigung von Hochseeschiffen in Sektionsbauweise, wobei die Anwendung automatischer Schweißungen eine bedeutende Rolle spielt, hinzufügen. Unter Sektionsfertigung versteht man die Unterteilung in Baugruppen, die in sich geschlossen sind und sowohl in der Werkstatt als auch außerhalb der Werft gefertigt werden können. Diese Sektionen werden nachher zum kompletten Schiff auf der Helling zusammengebaut (B i l d 8).

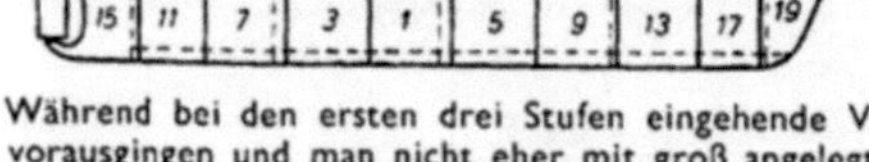

Bild 8. Schweißfolge beim Zusammenbau einzelner Sektionen bei einem Küstenschiff (18). Die Zahlen bedeuten die einzelnen Sektionen. Das Verschweißen der Sektionen erfolgt in Reihenfolge der Zahlenreihe.

Während bei den ersten drei Stufen eingehende Versuche der jeweiligen Schweißanwendung vorausgingen und man nicht eher mit groß angelegten Bauausführungen begann, bis genügend Erfahrungen vorlagen, so war dies beim Übergang zur 4. Stufe nicht der Fall. Die kriegsbedingte Forderung, Frachtschiffe wie z. B. die Liberty-Schiffe in kurzen Bauzeiten bei möglichst geringem Stahlverbrauch serienweise herzustellen, ließ keine andere Wahl, als die Schweißtechnik in großzügiger Weise für die Reihenfertigung in Sektionsbauweise anzusetzen. Mit der Nietbauweise hätte die Forderung nicht erfüllt werden können. Für Versuche und Erprobungen war keine Zeit vorhanden. Die Entwicklung in dieser 4. Stufe erfolgte daher zu sprunghaft, um mit Sicherheit das Auftreten von Schadensfällen von vornherein auszuschalten. Tatsächlich haben sich auch eine Reihe größerer Schadensfälle ereignet, wie z. B. das Zerbrechen der ganzgeschweißten USA-

Tanker »Schenectady« und »Esso-Manhattan« sowie der USA-Frachtschiffe »John P. Gaines« und »Valery Chazov« im Jahre 1943. Inzwischen sind umfangreiche Untersuchungen zur Klärung der Ursachen dieser Brüche durchgeführt und zu ihrer sicheren Vermeidung zahlreiche Maßnahmen werkstofflicher, konstruktiver und ausführungstechnischer Art vorgeschlagen und erprobt worden. Wenn auch die im Schiffbau anwendbare Schweißtechnik als Fertigungsverfahren noch in voller Weiterentwicklung begriffen ist, so liegen doch mit dem bisher Erreichten schon so umfangreiche grundlegende Erkenntnisse und Erfahrungen vor, daß es angebracht erscheint, sie einmal zusammenfassend zu erörtern. Dies soll in den folgenden Abschnitten in bezug auf die Lichtbogenschweißung, die für den Bau des Schiffskörpers in erster Linie in Frage kommt, geschehen.

Vorteile der Schweißung gegenüber der Nietung

Alle vorkommenden Nietverbindungen lassen sich, wie B i l d 9 zeigt, durch einfache Stumpf- und Kehlnahtschweißungen ersetzen. Die Vorteile, die sich für den Schiffbau durch diese einfacheren Verbindungen ergeben, nämlich bessere Dichtigkeit, höhere Festigkeit, Material-, Gewichts- und Kostenersparnisse sowie geringerer Schiffswiderstand, sollen nachfolgend behandelt werden.

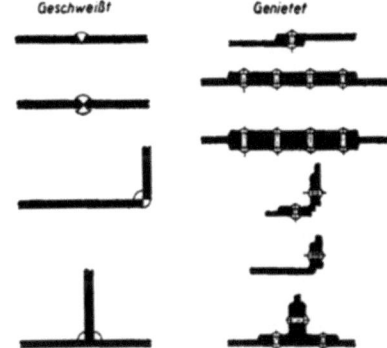

Bild 9. Schweiß- und Nietverbindungen

Dichtigkeit

Wie bereits eingangs erwähnt, sahen die Schiffbauer zunächst in der Schweißung gleich das willkommene Mittel zur einfacheren Sicherung der Dichtigkeit in wasser- oder ölgefüllten Räumen. Welche Vereinfachung die Kehlnahtverbindung insbesondere beim Abdichten von Spantdurchführungen durch Schotten ermöglicht, erkennt man deutlich an den in B i l d 1 0 dargestellten

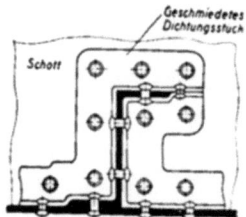 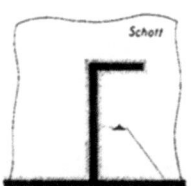 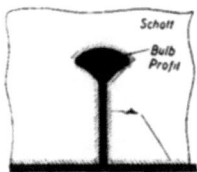

Bild 10. Öl- und wasserdichte Schottdurchführungen; a = genietet; b - c = geschweißt.

Beispielen. Die Nietverbindung erfordert das Modellieren und Schmieden eines besonderen Dichtungsstückes, das sorgfältig angepaßt, verpackt und nach dem Vernieten noch verstemmt werden muß. Besonders anschaulich zeigt sich der Vorteil der Schweißung bei der Kehlnahtabdichtung des durch ein Schott laufenden Bulbprofils gemäß B i l d 1 0 c.

Festigkeit

Für den Schiffbau ist die Festigkeit des Längsverbandes von ausschlaggebender Bedeutung. Festigkeits-Untersuchungen an Schweißverbindungen wurden daher in erster Linie auf das Verhalten bei Zugbeanspruchungen in Richtung der Naht abgestellt.

Eine in den Jahren 1930/31 beim Materialprüfungsamt Lichterfelde mit einer 3000-t-Zerreißmaschine durchgeführte Vergleichprüfung an großen genieteten und geschweißten Versuchsstücken von etwa 6×2 m² Fläche, die aus drei Blechbahnen mit 12 mm Dicke gebaut waren und teilweise

Lfd. Nr.	Probenart	Bruchlast P t	σ_B kg/mm²	σ_{B_1} kg/mm²	$\dfrac{\sigma_{B_1}}{\sigma_B} = n$	Bemerkungen
1	Volles Blech	808	43,7	43,7	1,00	Kz = 41—49 kg/mm²
2	3 Blechbahnen, längs genietet, doppelte Kettennietung	634	40,8	32	0,785	desgl.
3	desgl. Längsnähte und Stoß genietet (einfache Lasche)	621	50,9	29	0,57	desgl.
4	längs genietet, Stoß geschweißt	638	39,7	32,55	0,82	desgl.
5	Längsnähte geschweißt	679	42,2	35,6	0,845	desgl.
6	Längsnähte und Stoß geschweißt	675	41,6	35,8	0,86	desgl.

Bild 11. Zerreißversuche mit genieteten und geschweißten großen Proben (4).

in der mittleren Bahn noch einen Stoß enthielten, ergab die im Bild 11 zusammengestellten Werte (3, 4). Vergleicht man das Verhältnis von Bruchfestigkeit der Verbindung zur Bruchfestigkeit des zugehörigen Normalstabes aus dem Grundmaterial, so sieht man, daß sich für die ganz genietete Probe Nr. 3 nur ein Ausnutzungsfaktor von 0,57 ergab, während bei der ganz geschweißten Probe (Nr. 6) 0,86, d. s. 49 % mehr, erzielt wurde.

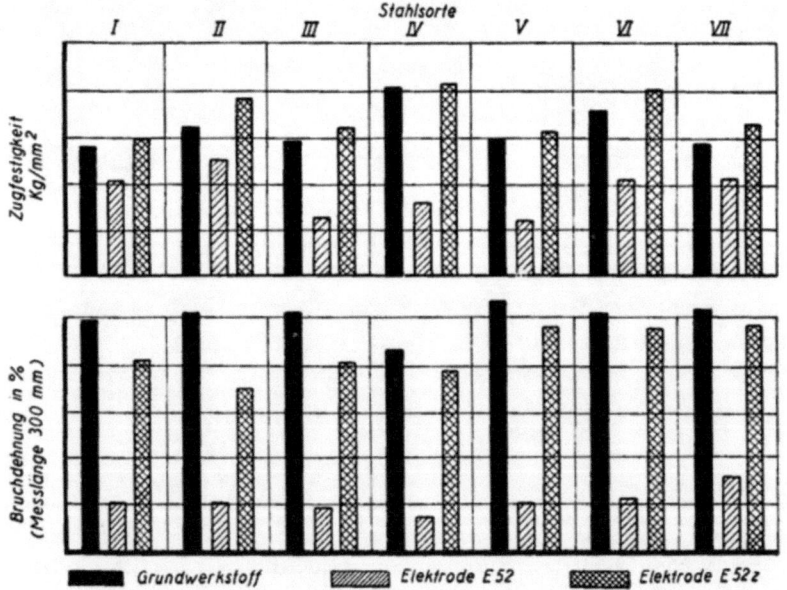

Bild 12. Zerreißversuche mit längsgeschweißten X-Naht-Proben aus St. 52, 20 mm, geschweißt mit Elektroden E 52 und E 52 z.

In beiden Fällen erklären sich die Festigkeitsminderungen gegenüber dem Grundwerkstoff durch Ungleichmäßigkeiten des Spannungsverlaufes. Bei der genieteten Probe wird nämlich der Spannungsfluß durch die Nietlöcher gestört. An den Nietlochrändern ergeben sich daher hohe Spannungsspitzen, die, wie bei den Versuchen festgestellt wurde, Einkerbungen hervorrufen. Schon vor dem Erreichen der Materialfließgrenze zeigten sich merklich bleibende Schiebungen in den Nietungen.

Bei der geschweißten Probe ergeben sich Ungleichmäßigkeiten des Spannungsverlaufes dadurch, daß das Schweißgut infolge größerer Härte und höherer Fließgrenze den plastischen Verformungen des Grundwerkstoffes nicht nachkommen kann. Dadurch zeigen sich bald nach dem Überschreiten der Grundwerkstoff-Fließgrenze Querrisse in der Schweiße. Mit den heute im Schiffbau verwendbaren Elektroden zäherer Schweißgutes sind solche festigkeitsmindernden Querrisse zu vermeiden. Somit ist ohne weiteres ein Ausnutzungsfaktor von 1,0 erreichbar. Die Bestätigung hierfür wurde durch Längszerreißversuche gefunden, die in den Jahren 1940/41 an verschiedenen Schiffbaustählen St. 52 mit Elektroden größerer und geringerer Zähigkeit entsprechend den Güteklassen E 52 und E 52 z ausgeführt wurden (5). Die mit E 52 z-Elektroden geschweißten Proben ergaben keinerlei Festigkeitsminderungen gegenüber den Proben aus reinem Grundwerkstoff, während die Proben des härteren Schweißgutes (E 52) das gleiche Bild ergaben wie bei den erstbeschriebenen Versuchen. In B i l d 1 2 sind die bei 20 mm Blechdicke erzielten Festigkeits- und Dehnungswerte wiedergegeben. B i l d 1 3 zeigt die Unterschiede der Schweißguthärte beider Elektrodensorten an einer Querschliffprobe des Stahles Nr. II (v o n B i l d 1 2).

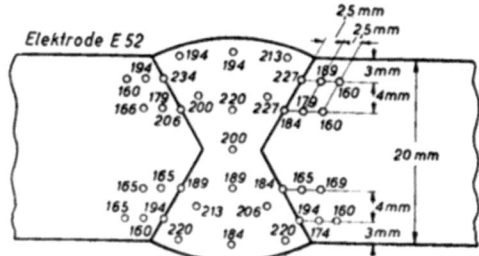

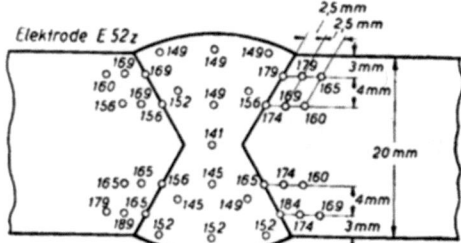

Bild 13. Brinell-Härte bei Schweißungen mit Elektroden E 52 und E 52 z. Grundwerkstoff: St. 52 (Stahl Nr. II).

Die höhere Zähigkeit der Schweiße mit E 52 z geht aus der geringeren Härte des Schweißgutes hervor.

Bei der Schweißausführung hängt es nur von der Elektrode ab, ob man bei Längszug 100 % der Werkstoffestigkeit erreicht. Bei der Nietbauweise ist eine wesentliche Verbesserung des ermittelten Ausnutzungsfaktors kaum möglich, da das Gleiten der Nietung, das schon bei verhältnismäßig geringen Spannungen unterhalb der Werkstoff-Fließgrenze beginnt, grundsätzlich nicht zu beheben ist.

Gewichts- und Kostenersparnis

Bei völlig geschweißten Schiffen läßt sich gegenüber der genieteten Ausführung gleicher Größe Stahl in der Größenordnung von 16 % und mehr einsparen. Die Amerikaner nennen sogar Stahlersparnisse von 21 % beim Vergleich mit Schiffen, die in den Jahren 1916 bis 1918 in Nietkonstruktion gebaut wurden (6). Durch diese Gewichtsersparnisse erniedrigen sich sowohl der Herstellungspreis des Schiffskörpers, als auch die Betriebskosten infolge Verminderung der benötigten Antriebskraft.

Die Unterschiede der Gesamtkosten von Nietungen und Schweißungen wurden bereits im Jahre 1927 von S t r e l o w (7) eingehend untersucht. Die Ergebnisse dieser Untersuchung, die für die doppelreihige Kettennietung im Vergleich zur V- und X-Nahtschweißung in Bild 14 wiedergegeben sind, zeigen eindeutig die wirtschaftliche Überlegenheit der Schweißung. In Anbetracht der seit 1927 erfolgten Fortschritte der Schweißtechnik fällt heute ein Vergleich noch wesentlich günstiger für die Schweißung aus. Dies bestätigen auch die ausländischen Erfahrungen.

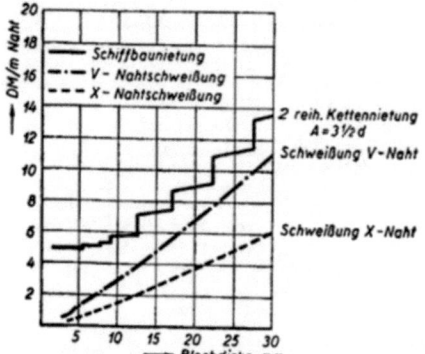

Bild 14. Gesamtkosten 2-reihiger Kettennietung im Vergleich zu V- und X-Nahtschweißungen nach W. Strelow (7).

Die X-Naht ist wegen des geringeren Schweißnahtvolumens gegenüber der V-Naht billiger.

Nach amerikanischen Angaben (8) verringerten sich im letzten Kriege durch die Anwendung des Schweißens die Herstellungskosten je Tonne toten Gewichtes, die bei genieteter Ausführung im 1. Weltkrieg noch 210 Dollar betrugen, auf 160 Dollar, d. h. um 24 %.

Schiffswiderstand

Der Fortfall der Überlappungskanten an den Außenhautbeplattungen durch Stumpfschweißungen der Stöße wirkt sich günstig auf den Schiffswiderstand aus. Vergleichsversuche der Hamburgischen Schiffbau-Versuchsanstalt (9) mit zwei formgleichen Fischdampfern, die mit der als Meßgerät verwandten gleichen Schraube sehr sorgfältig durchgeführt wurde, erwiesen, daß allein durch die Schweißung der Plattenstöße eine Leistungsersparnis von 3% bei 12 km/h Geschwindigkeit erzielt wurde.

Schweißausführung, -konstruktion und Werkstoff

Um die Sicherheit eines geschweißten Schiffes zu gewährleisten, müssen sowohl die Schweißungen fehlerfrei ausgeführt werden, als auch die zur Beherrschung der Schrumpfspannungen erforderlichen Maßnahmen beim Entwurf und bei der Ausführung volle Berücksichtigung finden. Ferner muß ein den besonderen Bedingungen des Schiffbaues entsprechender Baustahl zur Verfügung stehen.

Ein Musterbeispiel der Nichtbeachtung dieser Bedingungen bieten die während des letzten Krieges erfolgten Schadensfälle an USA-Schiffen, auf die bereits im einleitenden Abschnitt hingewiesen wurde.

Über den Umfang und die Ursachen dieser Schadensfälle ist einer Veröffentlichung des amerikanischen Marineministeriums des Jahres 1944 (12) zusammenfassend zu entnehmen, daß bei 95 von 2993 geschweißten Schiffen von den Schweißungen ausgehende Risse auftraten, die sich bis in den Festigkeitsverband ausdehnten. Bei 20 dieser Schiffe riß das Festigkeitsdeck völlig auf und fünf Schiffe brachen in zwei Stücke. Diese Risse ereigneten sich durchweg bei Temperaturen um den Gefrierpunkt oder bei schwerem Seegang oder bei beiden dieser ungünstigen Bedingungen. Die Untersuchungen ergaben auch, daß praktisch alle Rißerscheinungen darauf zurückzuführen waren, daß bei der Schweißausführung und beim Entwurf einzelner Teilkonstruktionen nicht die Maßnahmen getroffen worden waren, die in bezug auf die Schrumpfspannungen und Kerbwirkungen im Zusammenhang mit dem Verhalten des Stahles notwendig sind.

Bild 15, das den in zwei Teile gebrochenen Tanker »Schenectady« zeigt, möge als Warnung zur Beachtung der vorerwähnten Maßnahmen dienen.

Es würde zu weit führen, im Rahmen dieser Schrift den umfangreichen Fragenkomplex der Schrumpfungen, Verwerfungen und Schrumpfspannungen, der in der Fachliteratur der letzten Jahre sowie in verschiedenen Fachbüchern eingehende Behandlung findet, zu erörtern. Es soll lediglich im folgenden versucht werden, einige der wichtigsten Maßnahmen, die sich in dieser Richtung bei der Schweißausführung, beim Entwurf und in bezug auf die Wahl geeigneten Baustahles im Schiffbau bewährt haben, herauszuschälen. Dabei soll auch das dem Schiffbau-Schweißer an Hand zu gebende Werkzeug, nämlich geeignete Schweißanlagen und Elektroden, erwähnt werden.

Schweißanlagen

Einzelschweißgeräte. Ob Gleichstrom- oder Wechselstromschweißaggregate beschafft werden sollen, ist eine Frage, die bei der Einrichtung von Werftschweißereien von weitgehender Bedeutung ist. Die größere Wirtschaftlichkeit liegt ohne Zweifel bei den mit Kondensator ausgerüsteten Schweißtransformatoren, die gegenüber Gleichstromumformern den Vorteil des etwa 40 % niedrigeren Stromverbrauches und des etwa 50 % geringeren Anschaffungspreises bieten. Hinzu kommt noch der Wegfall jeglicher Wartung, da keine rotierenden Teile vorhanden sind, und das Gewicht nur etwa die Hälfte der Gleichstromumformer beträgt. Mit Schweißtransformatoren lassen sich jedoch nur umhüllte Elektroden verarbeiten, während mit Gleichstrom-

Bild 15. Der in zwei Stücke gebrochene USA-Tanker „SS. Schenectady"

umformern außerdem nackte Elektroden verschweißbar sind. Die deutschen Werften waren fast ausschließlich auf Gleichstrom eingerichtet, weil das Schiffbauschweißen in Deutschland bereits in größerem Umfange einsetzte, als es noch nicht die heute verfügbaren, den besonderen Bedingungen des Schiffbaues entsprechenden Mantelelektroden gab. Im Ausland lief dagegen die Entwicklung des Schiffbauschweißens mit Aufkommen wechselstromverschweißbarer Elektroden parallel.

Die ausländischen Werften sind daher in der Hauptsache mit Wechselstromschweißanlagen ausgerüstet. Bei der Neuerstellung von Schweißeinrichtungen werden unsere Werften in Zukunft sicherlich der Wirtschaftlichkeitsfrage weitgehend Rechnung tragen müssen und daher der Wechselstromschweißung mehr und mehr den Vorzug geben. Unabhängig von der Frage ›Gleichstrom oder Wechselstrom‹ muß die Leistungsbemessung des Schweißgerätes besondere Beachtung finden. Es genügt im Schiffbau nicht, die Geräte allein nach der Einschaltdauer und dem Strombedarf der meist verwendeten Elektroden auszulegen, da ein gewisser Leistungsanteil allein durch den Spannungsverlust der langen Schweißkabel aufgezehrt wird, die beim Arbeiten auf der Helling oder im Baudock benötigt werden. Spannungsverluste von 10 Volt und mehr als Folge langer Schweißleitungen sind im Werftbetrieb nichts Besonderes. Geräte mit einer Schweißleistung von 300 Amp 30 Volt bei 55 % Einschaltdauer haben sich gut bewährt. Bei dieser Leistung hat man die Gewähr auch bei langen Kabeln, 5 mm-Mantelelektroden einwandfrei verschweißen zu können. Sollen 6 mm-Elektroden unter diesen Bedingungen verwendet werden, so empfiehlt es sich, eine zusätzliche Reserve bis etwa 350 Amp 30 Volt vorzusehen. Es sind heute eine ganze Anzahl gut durchkonstruierter Schweißumformer und -transformatoren auf dem Markt, die sich durchweg für den Schiffbau eignen. Ein näheres Eingehen auf die verschiedenen Typen dürfte sich erübrigen, da hierüber in den Fachbüchern ausführlich berichtet wird. Es sei daher nur noch die Forderung nach robuster Bauart erwähnt, die im Schiffbau wegen des häufigen Transportes und des rauhen Betriebes im Freien besonders wichtig ist.

Mehrstellenschweißanlagen. Eine weitere Frage, die sich vorwiegend aus wirtschaftlichen Gesichtspunkten ergibt, ist die, ob ausschließlich Einzel-Schweißstromgeräte vorzuschen sind, oder ob ein Teil der Schweißplätze durch Mehrstellenschweißanlagen versorgt werden soll. Bei einer Mehrstellenschweißanlage wird bekanntlich eine durch ein oder mehrere größere Umformer oder Transformatoren erzeugte konstante Spannung von einer Zentrale zu den einzelnen Schweißplätzen geleitet und dort durch besondere regelbare Vorschaltwiderstände oder Drosselspulen auf die jeweilig erforderliche Lichtbogenspannung herabgedrosselt. Das Prinzip einer

solchen Anlage für Gleichstrom ist in Bild 16 dargestellt. Die wirtschaftlichen Vorteile gegenüber Einzelgeräten sind bei richtiger Planung und Konstruktion die folgenden:
1. Ersparnisse durch geringere Wartung und Transport
2. Stromersparnisse
3. Geringere Anschaffungskosten

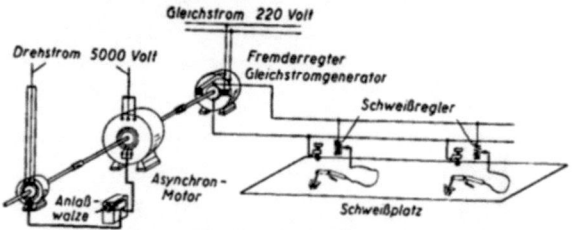

Bild 16. Schaltschema eines Mehrstellen-Schweißumformers

Die Ersparnisse an Transport sind in der kleinen Abmessung und dem geringen Gewicht der Vorschaltwiderstände oder Drosselspulen, die im folgenden kurz als Schweißregler bezeichnet sein sollen, begründet. Die Schweißregler wiegen nur etwa 40—50 kg und können daher bequem von 2 Mann in die nächste Nähe des jeweiligen Arbeitsplatzes getragen werden. Im allgemeinen macht man aber von dieser Möglichkeit weniger Gebrauch, sondern baut die Schweißregler, da sie wegen ihrer geringen Abmessungen nur wenig Platz wegnehmen, in die Wände der Werkstätten, an den Begrenzungen der Hellingen sowie an den Kaimauern des Docks in einer solchen Anordnung ein, daß für alle eventuell in Frage kommenden Schweißplätze sogenannte Schweißstromzapfstellen vorhanden sind, ähnlich wie man es bei der Versorgung der Arbeitsplätze mit Sauerstoff-Azetylen und Preßluft durch zentrale Leitungsnetze macht. Es dürfte einleuchtend sein, daß die hiermit erreichbaren Transport-Ersparnisse bedeutend sind. Das gleiche gilt für die Instandhaltung, da die Schweißregler wegen ihrer einfachen Bauart so gut wie keinem Verschleiß unterliegen und keinerlei Wartung bedürfen.

Bei Mehrstellenschweißanlagen geeigneter Bemessung und guter Ausnutzung ergeben sich durch den Wegfall der Leerlaufverluste und den besseren Wirkungsgrad der großen Schweißstromerzeuger gute Stromersparnisse. Dies trifft jedoch nur für den Vergleich von Gleichstrom-Mehrstellenanlagen mit Gleichstrom-Einzelumformern zu, da bei Transformatoren der Wirkungsgrad des Einzelgerätes ohnehin sehr hoch ist, und die Leerlaufverluste, die nur etwa 2—3 % gegenüber Einzel-Umformern betragen, praktisch bedeutungslos sind. Stromersparnisse sind nur erreichbar, wenn sich die reinen Schweißzeiten mit den Neben- und Wartezeiten der einzelnen Schweißer im Verhältnis der Einschaltdauer, die im Schiffbau, auf die einzelne Schweißstelle bezogen, im Durchschnitt etwa 30 % beträgt, vollkommen überdecken.

Eine weitere Voraussetzung besteht darin, daß der Maschinenwirkungsgrad nicht viel weniger als 80 % beträgt und daß die Konstantspannung 55 Volt nicht wesentlich übersteigt.

Die Bedingung der vollkommenen Überdeckung läßt sich nur bei sehr großen Anlagen erfüllen. Wenn eine durchschnittliche Belastung von 200 Amp 30 Volt je Einzelstelle entsprechend einer gemischten Verwendung von 4 mm- und 5 mm-Elektroden zu grunde gelegt wird, so müssen je 1000 Amp der Mehrstellen-Anlage $\frac{1000}{200 \times 0,3}$ = rd. 17 Schweißstellen versorgt werden können.

Wie aber aus der in Bild 17 wiedergegebenen Kurve, die nach Belastungsversuchen an den

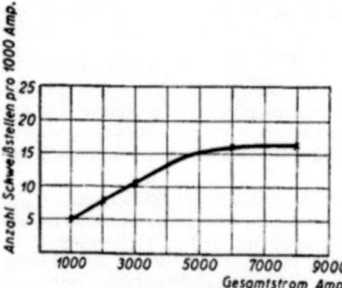

Bild 17. Belastbarkeit von Mehrstellen-Schweißanlagen in Abhängigkeit der Stromleistung bei 30 E. D., bezogen auf die Einzelstelle

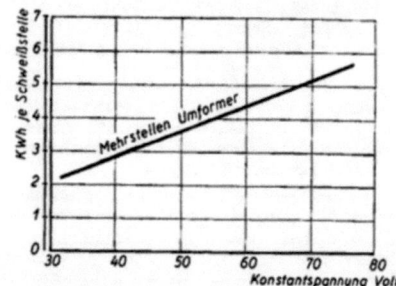

Bild 18. Stromverbrauch je Schweißstelle einer 6000 Amp Gleichstrom-Mehrstellenanlage bei verschiedenen Konstantspannungen

Mehrstellen-Anlagen der ehemaligen Marinewerft Wilhelmshaven aufgestellt wurde, hervorgeht, müssen für eine derartige Ausnutzung mindestens 6000 A Gesamtstrom zur Verfügung stehen. Ein Maschinen-Wirkungsgrad von 80 % ist bei solchen Anlagen, für die man meist mehrere parallel arbeitende 2000 Amp- oder 3000 Amp-Umformer verwendet, im allgemeinen gegeben. In Bild 18 ist der stündliche Stromverbrauch je Schweißstelle einer solchen Anlage in Abhängigkeit von der Konstantspannung im Diagramm aufgetragen. Je höher die Konstantspannung ausgelegt wird, desto mehr Spannung muß in den Schweißreglern durch Umsetzen in Wärme vernichtet werden, um die für den Schweißprozeß erforderliche abfallende Kennlinie zu erzeugen. Der Stromverbrauch steigt daher geradlinig mit der Konstantspannung. Stellt man den Vergleich mit dem Stromverbrauch eines Einzelumformers an, der sich bei einem Wirkungsgrad von 50 % und einem Leerlaufverbrauch von etwa 1 kWh zu 4,3 kW/h errechnet, so ergibt sich, daß zur Erreichung von Stromersparnissen die Konstantspannung bei Mehrstellenanlagen unterhalb 57 Volt liegen muß. Bei Verwendung von Schweißreglern mit gewöhnlichen Ohmschen Widerständen ist die Gewährleistung einwandfreier Zündeigenschaften unterhalb 57 Volt verhältnismäßig schwierig. Eine Verbesserung der Zündeigenschaften ist jedoch möglich, wenn die Widerstandsspulen Eisenkerne erhalten oder Widerstandsbänder in geeigneter Weise spiralförmig so gewickelt werden, daß Induktionswirkungen bei den plötzlichen Spannungsänderungen des Zündvorganges und den Tropfenübergängen der Elektroden eintreten. Bei Verwendung derartiger Induktionsregler kann man die Konstantspannung, wenn mit 4 mm- und 5 mm-Mantelelektroden gearbeitet werden soll, bis auf 50 Volt herabsetzen. Damit wird schon eine beachtliche Stromersparnis erreicht.

Bei Wechselstromanlagen lassen sich keine Stromersparnisse erzielen, da der Wirkungsgrad von Einzelgeräten ohnehin schon sehr hoch ist und die Leerlaufverluste nicht ins Gewicht fallen, so daß kaum noch Verbesserungen möglich sind.

Neben den Zündeigenschaften ist für die schweißtechnisch einwandfreie Arbeitsweise der Mehrstellenanlage eine ausreichende Bemessung und geeignete Anordnung der Hauptverteilungsleitungen, für die man meistens in Kanälen verlegte Kupfer- oder Aluminiumschienen verwendet, wichtig. Es kommt darauf an, daß die Belastungsschwankungen, die häufig beim Ein- oder Aussetzen größerer Schweißergruppen entstehen, keine zu starken Änderungen der Spannung an den Schweißreglern hervorrufen. Bei einem einwandfreien Schweißbetrieb dürfte die von der Belastung abhängige Spannungsänderung am Schweißregler beispielsweise bei 50 Volt Konstantspannung nicht mehr als 2 Volt betragen, damit sich ein am Schweißregler eingestellter Strom von 200 Amp 30 Volt nicht mehr als etwa 20 Amp erhöht oder ermäßigt. Diese Forderung ist in verhältnismäßig einfacher Weise durch die Verwendung von Verbundmaschinen möglich, da diese so gerichtet werden können, daß ihre Klemmspannung mit zunehmender Belastung ansteigt. Der günstigste Fall wäre der, die Wicklung so zu bemessen, daß hierdurch der unvermeidliche Spannungsabfall in der Zuleitung zu den Schweißreglern ausgeglichen wird. In diesem Falle würde am entferntesten Schweißregler stets die gleiche Spannung herrschen, die Schweißstromstärke also auch stets gleich sein, unabhängig von der Belastung der Maschinen. Leider läßt sich dieser Ideal-Fall nur für den entferntest liegenden Schweißregler verwirklichen, nicht aber für den in nächster Nähe der Zentrale befindlichen, bei dem infolge des geringen Spannungsabfalles der kurzen Zuleitung die Spannungserhöhung der Maschinen nicht abgebaut wird. Aber auch hier gibt es eine Lösung, die mit nicht allzu großem Mehraufwand an Zuleitungen durchführbar ist. Man muß nämlich nur die Anordnung der Zuleitungen so treffen, daß auch die der Zentrale naheliegenden Schweißregler schon einen Spannungsabfall in ihrer Zuleitung erleiden. In Bild 19 und 20 sind die

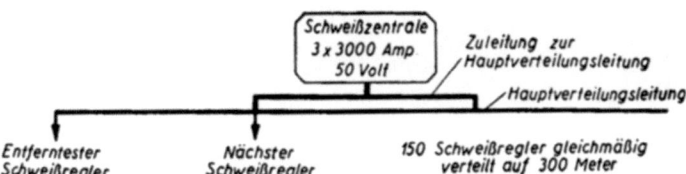

Bild 19. Anordnung der Stromverteilung einer Mehrstellen-Schweißanlage mit 9000 Amp, 50 Volt für 300 m langes Baudeck mit 150 Schweißstellen

günstigen Verhältnisse, die sich bei der Schweißstromversorgung eines etwa 300 m langen Baudocks mit 150 gleichmäßig verteilten Schweißstellen bei Verwendung von Verbundmaschinen mit ansteigender Kennlinie erreichen lassen, dargestellt. Die Zuleitungen dieser Anlage sind so angeordnet und bemessen, daß in ihnen bis zum nächstliegenden Schweißregler 2 Volt und bis zum entferntesten 4 Volt Spannungsabfall auftreten. Die maximale Spannungsänderung zwischen Leerlauf und Vollast beträgt bei dieser Anordnung für den nächstliegenden Regler etwa 2 Volt, und für den entferntesten nur etwa 1 Volt. Nach dem dargestellten Beispiel wird die zur Versorgung der 150 Schweißstellen benötigte Gesamtstromstärke von 3 parallelen 3000 Amp-Maschinen erzeugt. Derartige Maschinenleistungen sind nach den gewonnenen Erfahrungen gut geeignet,

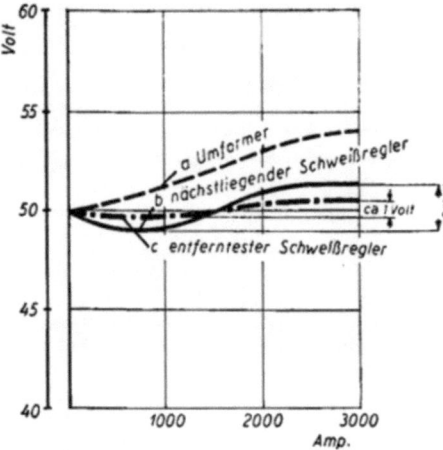

Bild 20. Strom-Spannungs-Kennlinien der Anlage Bild 19

a = gemessen am Umformer der Zentrale
b = an dem der Zentrale nächstliegenden Schweißregler
c = an dem der Zentrale entferntesten Schweißregler

um bei größeren Werftschweißereien durch Zu- und Abschalten einzelner Maschinen die Gesamtbelastung im Bereich von $^3/_4$ bis $^4/_4$ Vollast zu halten. B i l d 2 1 zeigt die Zentrale von drei parallel arbeitenden 3000-Amp-Maschinen.

Bild 21. Mehrstellenanlage für drei parallel arbeitende Umformer je 3000 Amp.

Die Anschaffungskosten von Mehrstellenschweißanlagen je Schweißstelle richten sich nach der Größe der Anlage und des Leitungsnetzes. Sie sind im Durchschnitt nur 10 bis 20 % geringer als die von Einzelgeräten. Genaue Kalkulationen, die bei der Planung einer Anlage gemäß B i l d 1 9 an Hand ausführlicher Firmenangebote im Jahre 1940 durchgeführt wurden, ergaben unter Einrechnung aller Hochspannungs-Schaltrichtungen und der für die Gesamtanlage erforderlichen Montagearbeiten je Schweißstelle rund RM 1500,—. Dieser Preis liegt rund 12 % unter dem eines Einzelumformers, der zu jener Zeit bei einer Leistung von 300 Amp, 30 Volt, 55 % Einschaltdauer einschließlich Primäranschluß und Kostenanteil des Hochspannungstransformators etwa RM 1700,— betrug. Würde eine solche Anlage für die wahlweise Plus- und Minuspolschweißung ausgelegt, was ohne weiteres möglich ist, indem man eine zusätzliche Zuleitung vorsieht und je nach Bedarf eine oder mehrere Maschinen auf Plus umschaltet, so erhöht sich der Preis je Schweißstelle auf etwa RM 1700,—. In bezug auf die Anschaffungskosten wäre dann kein Gewinn mehr gegenüber dem Einzelumformer zu verzeichnen.

Schweiß-Elektroden

Bei der Beurteilung der Eignung von Elektroden für den Schiffbau steht die Verschweißbarkeit im Vordergrund. Ein großer Teil der Nähte sowohl auf dem Helling als auch in der Werkstatt muß in Senkrecht- oder Überkopflage ausgeführt werden. Die neuerdings bei der Reihenfertigung angewandte Sektionsbauweise bringt zwar in dieser Beziehung eine bedeutende Erleichterung, da hierbei die Möglichkeit besteht, größere Schiffsteile in der Werkstatt auszuführen und so zu drehen, daß die Nähte in waagerechter Lage oder in Wannenlage geschweißt werden können. Der Umfang der verbleibenden Senkrecht- und Überkopfnähte bleibt aber dennoch erheblich. Der Schmelzfluß der Elektrode muß daher genügend zähflüssig sein. Ferner muß die Elektrode leicht abzubiegen sein, da dies beim Schweißen schwer zugänglicher Nähte häufig erforderlich ist.

In der Anfangszeit der Entwicklung des Schiffbauschweißens waren nur nackte, leicht getauchte und Seelen-Elektroden diesen Anforderungen gewachsen. Seit einigen Jahren sind mittelstark umhüllte Elektroden entwickelt worden, die den Bedingungen nicht nur voll genügen, sondern darüber hinaus den Vorteil größerer Abschmelzleistung und höherer mechanischer Gütewerte der Schweißverbindung bieten. Nach den Schweißdrahtlieferbedingungen DIN-Vornorm 1913 entsprechen diese Elektroden den Güteklassen E 37/42 z oder E 52 z und erfüllen damit auch die Anforderungen, die von den Klassifikationsgesellschaften an die Dehnbarkeit und Zähigkeit des Schweißgutes[1] gestellt werden (Bild 22).

Güteklasse der Elektrode	Mindestzugfestigkeit kg/mm²	Mindest-Biegewinkel für Bleche bis 10 mm Dicke	Mindest-Kerbschlagzähigkeit mkg/cm²
E 37/42	37/42[2]	50/40[3]	—
E 37/42 z	37/42[2]	90	5
E 52	52	50	—
E 52 z	52	90	5

Bild 22: Einteilung der Elektroden für Verbindungsschweißungen in Güteklassen gemäß DIN-Vornorm 1913.

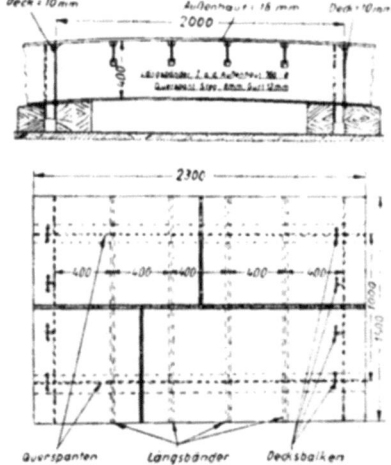 

Bild 23 und 24. Schiffsbodenähnlicher Versuchskörper aus St. 52, geschweißt mit Elektroden E 52 und E 52 z
Bild 23. Konstruktion und Zeichnung in einer dem Schiffsboden ähnlichen Konstruktion
Bild 24. Versuchskörper mit der ausklinkbaren Fallbirne (1 t)

[1] Der Germ. Lloyd, Lloyd's Register und Bureau Veritas fordern einen Biegewinkel von 90° bei der Verbindung. Von Lloyd's Register und Bureau Veritas werden außerdem der Nachweis einer Kerbschlagzähigkeit von etwa 5 mkg/cm² sowie einer Dehnung von 18—20% beim Zugstab aus reinem Schweißgut (Meßlänge 1—7·d) verlangt.
[2] Die Mindestzugfestigkeit der Schweißverbindung muß der Nennfestigkeit des Werkstoffs entsprechen.
[3] Wird St. 42 geschweißt, so beträgt der Biegewinkel mindestens 40°.

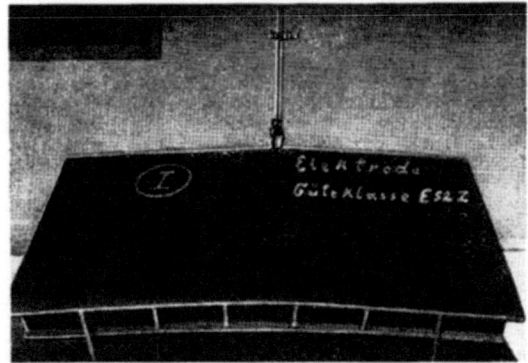

Bild 25. Der Versuchskörper, mit der Elektrode E 52 z geschweißt, nach der Belastung. (Flache Einbeulung ohne Risse)

Bild 26. Versuchskörper mit Elektrode E 52 geschweißt. Risse in der Schweißnaht

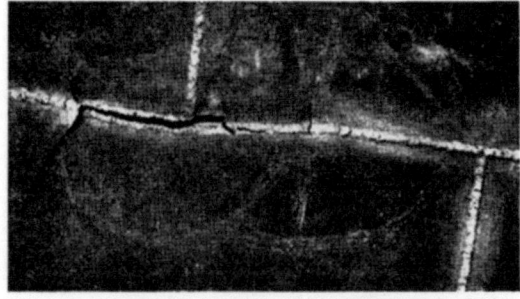

Bild 27. Risse in dem mit der Elektrode E 52 geschweißten Versuchskörper nach der Belastung. Vergrößerter Ausschnitt aus Bild 26

Die Bedeutung der Zähigkeit des Schweißgutes bei Zugbeanspruchungen in Richtung der Schweißnaht geht bereits aus den in Abschnitt II (Seite 12 bis 13) beschriebenen Versuchen hervor.

Mit einem weiteren im Jahre 1942 durchgeführten Versuch sollte das Verhalten der Schweißnaht bei plötzlich auftretenden örtlich begrenzten Beanspruchungen, wie sie z.B. bei Havarien durch Rammen u. dgl. auftreten, geprüft werden. Zu diesem Zweck wurden zwei Versuchskörper aus Schiffbaustahl St. 52 gemäß B i l d 23 und 24 angefertigt, die einem Außenhaut-Plattenverband mit Quer- und Längsversteifungen ähneln. Die Schweißungen wurden bei einem Körper mit einer Elektrode der Güteklasse E 52, bei dem anderen mit E 52 z ausgeführt. Die Versuchskörper wurden auf Holzbohlen aufgelegt und durch eine Fallbirne von 1 t Gewicht, die aus einem Kran ausgeklinkt wurde, belastet. Jeder Versuchskörper erhielt eine Fallbelastung aus 10 m Höhe zwischen den beiden mittleren Längsbändern. Während der mit E 52 z geschweißte Körper keinerlei Risse aufwies, zeigte sich bei dem mit E 52 geschweißten Körper eine Anzahl Anrisse in den Kehl- und Stumpfnähten. Die letzteren verliefen teilweise tief in den Grundwerkstoff. Aus den B i l d e r n 25, 26 und 27 sind die aufgetretenen Verformungen und Risse ersichtlich.

Halbautomatische Schweißung

Es hat in den letzten Jahren — vor allem während des letzten Krieges — nicht an Vorschlägen gefehlt, mit einfachen Mitteln, d. h. ohne Zuhilfenahme besonderer Geräte, die Abschmelzleistungen der Elektroden zu erhöhen, und die Nebenzeiten herabzusetzen. Die meisten dieser Vorschläge waren auf die Verwendung höherer Stromstärken oder größerer Elektrodendurchmesser abgestellt. Da einerseits den Erhöhungen der Stromstärken durch das Glühendwerden der Elektroden eine Grenze gesetzt ist, und andererseits die Verwendung von Elektroden über 6 mm Ø den Schweißer auf die Dauer zu sehr ermüden, haben diese Vorschläge keinen nennenswerten Eingang im Schiffbau gefunden.

Im japanischen Schiffbau wandte man während des Krieges eine sogenannte Abdeckschweißung an, bei der ähnlich wie beim Elin-Hafergut-Verfahren (s. Seite 35) umhüllte Elektroden von 1 bis 2 Meter Länge in die Nahtfuge gelegt werden und nach Zünden des Lichtbogens selbsttätig abschmelzen. Zum Unterschied gegenüber dem Elin-Hafergut-Verfahren wurden die Elektroden jedoch nicht mit Kupferschienen, sondern mit gewöhnlichem Flußsand abgedeckt. Die Handhabung des Verfahrens war sehr einfach und von angelernten Arbeitern durchführbar. Die wirtschaftlichen Vorteile entsprachen jedoch nicht den anfänglichen Erwartungen. Der Hauptgrund lag darin, daß die Elektroden wegen der großen Länge nur mit verhältnismäßig niedrigen Stromstärken belastet werden konnten. Da mindestens 350 Amp erforderlich waren, um unterhalb der Sandabdeckung einen einwandfreien Schmelzfluß zu erzielen, konnte man keine Elektroden unter 8 mm Ø verwenden. Mit so dicken Elektroden brennt man aber nicht tief genug in den Wurzelbereich ein, was den zusätzlichen Nachteil ergibt, die unteren Lagen in üblicher Weise mit 4- oder 5-mm-Elektroden von Hand ausführen zu müssen.

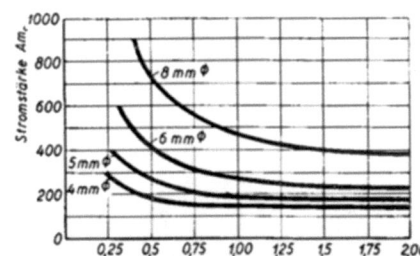

Bild 28. Strombelastbarkeit umhüllter Elektroden in Abhängigkeit von der Elektroden-Länge.

Die Kurven geben an, mit welchen Längen die Elektroden abgeschmolzen werden können, bevor das Einspann-Ende kirschrot wird

In Bild 28 sind die Stromstärken, die bei gewöhnlichen Mantelelektroden angewandt werden können, ohne daß die zu verschweißenden Kerndrähte vor Beendigung des Abschmelzvorganges eine höhere Temperatur als 800° C (kirschrot) annehmen, in Abhängigkeit von der Elektrodenlänge aufgetragen.

Durch genaue Zeitstudien wurde ermittelt, daß bei V-Nahtschweißungen an 20 mm dicken Blechen mit 8-mm- und 10-mm-Elektroden im Vergleich zur Handschweißung mit 6-mm-Elektroden nur 5 bis 8% an Gesamtschweißzeit gespart wurde. Die unteren Lagen waren in beiden Fällen mit 4- und 5-mm-Elektroden geschweißt. Dieses schlechte Ergebnis beruht nicht zuletzt darauf, daß die Einrichtezeiten durch das mit Sorgfalt zu handhabende Einlegen und Abdecken der Elektroden zu groß waren, um zu erreichen, daß derselbe Mann während des Abbrennens einer Elektrode an einer anderen Nahtstelle schon wieder eine Abdeckschweißung vorbereitete.

Es wurde versucht, eine Verbesserung durch Erhöhung der Stromstärken dadurch zu erreichen, daß man nackte Elektroden in Schweißpulver einbettete und den Strom mittels eines verschiebbaren Kontaktes kurz hinter dem lichtbogenführenden Elektroden-Ende zuführte. Dieses Verfahren ist unter dem Namen Einlegeschnellschweißverfahren (ESS) bekannt geworden. Die Abschmelzleistungen ließen sich zwar hierdurch wesentlich steigern. Es zeigte sich aber, daß bei dem schnellen Abschmelzen sehr leicht Fehlschweißungen in Form von Unterbrechungen oder großen Poren auftreten, und somit diese Schweißungen unzuverlässig sind. Die Ursache liegt in dem Fehlen der Lichtbogen-Spannungsregulierung. Das Verfahren erfordert einen so geringen Aufwand, daß man es noch genauer erproben sollte.

Soweit bekannt, hat sich im Schiffbau bisher noch kein halbautomatisches Verfahren durchsetzen können.

Die automatische Schweißung

Dagegen hat aber die Automatenschweißung ein weites Anwendungsfeld gefunden. Dabei hat das amerikanische Union-Melt-Verfahren, das von der »Linde's Eismaschinen AG.«, mit der Bezeichnung Ellira-Verfahren (der Name ist eine Abkürzung von **E**lektrische-**L**inde-**Ra**pidschweißung) übernommen wurde, allen anderen Automatenschweiß-Systemen wegen der außerordentlich hohen Arbeitsleistungen den Rang abgelaufen. Das Prinzip ist das gleiche wie bei den letztbeschriebenen

Einlegeverfahren, nur mit dem Unterschied, daß der blanke Schweißdraht senkrecht zur Nahtebene durch einen Schweißkopf zugeführt wird, der sowohl die Lichtbogenspannung als auch den Drahtvorschub und die Fahrgeschwindigkeit automatisch regelt.

Da der Strom dicht an der Abschmelzstelle zugeführt wird und das Schmelzbad durch das besonders zusammengesetzte Schweißpulver vor dem Zutritt des Sauerstoffs und Stickstoffs der Luft vollkommen abgeschlossen wird, können die zur Verwendung kommenden 4- bis 10-mm-Drähte mit Stromstärken von 500 bis 2000 Amp belastet werden, wodurch sich eine sehr hohe Abschmelzleistung ergibt. Die je Meter Naht erreichbare Schweißgeschwindigkeit, die, wie Bild 29 (10)

Blechdicke in mm		6	10	20	30	40
Schweißgeschwindigkeit in m/h	Hand	8,0	3,5	1,0	0,5	0,22
	Ellira	48,0	31,5	21,6	16,8	10,40
Drahtverbrauch in kg/m	Hand	0,31	0,73	1,78	3,93	7,85
	Ellira	0,15	0,34	0,92	1,92	2,66
Stromverbrauch in kWh/m	Hand	1,4	3,0	8,2	19,4	33,2
	Ellira	0,36	0,98	2,36	4,5	6,3

Bild 29: Schweißgeschwindigkeit, Drahtverbrauch, Stromverbrauch bei der Hand- und Ellira-Schweißung nach R. Reutebuch (10).

Bild 30. Ellira-Schweißkopf Ej IV in Stumpfnaht-Lage
Gewicht ohne Draht und Pulver nur 42 kg

zeigt, gegenüber der Handschweißung das 8- bis 47-fache bei Blechdicken von 6 bis 40 mm betragen kann, wird aber nicht allein durch die hohe Abschmelzleistung des Drahtes erreicht, sondern auch durch den starken Einbrand im Grundwerkstoff. Der Anteil des je Meter Naht benötigten Zusatzwerkstoffes ist dadurch etwa 50 bis 65 % geringer als bei der Handschweißung, da nur $1/3$ Drahtgewicht, aber $2/3$ Werkstoffgewicht aufgeschmolzen werden.

Im deutschen Schiffbau ist die Ellira-Schweißung bisher nur in geringem Umfange zur Anwendung gekommen. Die Ursache hierfür liegt offensichtlich darin, daß die Entwicklung der Schweißköpfe in Deutschland erst kurz vor dem letzten Kriege aufgenommen wurde und der Bau größerer Mengen von Geräten während des Krieges stark behindert war. In Amerika, wo das Verfahren schon lange vor dem Kriege entwickelt war, hat es dagegen beachtenswert starke Verbreitung im Schiffbau, insbesondere bei der Sektionsbauweise, gefunden. Nach amerikanischen Angaben (11) arbeiteten im Jahre 1942 von 24 000 im Schiffbau beschäftigten Schweißern schätzungsweise 800 an Union-Melt-Automaten, wofür im Durchschnitt je 2 Mann erforderlich sind, die je Arbeitsschicht 60 bis 120 Meter Naht durchschnittlicher Blechdicke leisteten. In der Hauptsache wurden kleine, leicht transportable Automaten verwandt. Als Stromquelle dienten meist 1000 Amp-Transformatoren, entweder einzeln oder parallel geschaltet. Es wurden sowohl Stumpf- als auch Kehlschweißungen ausgeführt. Das Hauptanwendungsgebiet des Verfahrens war die Vorbereitung größerer Schiffsteile. Manche Werften verwandten es aber auch auf den Helgen zum Schweißen der Tankdecken und der Decks (12).

Bild 31. *Ellira-Schweißkopf E IV in Kehlnaht-Lage.*

Es ist anzunehmen, daß das Ellira-Verfahren im deutschen Schiffbau, sobald dieser wieder anläuft, auch größeren Eingang finden wird, zumal bereits geeignete handliche Geräte hierfür vorhanden sind, wie B i l d 3 0 und 3 1 beweisen.

Nahtform	Größe des Luftspaltes	Ausführung
V- oder X-Naht	≦ 10 mm	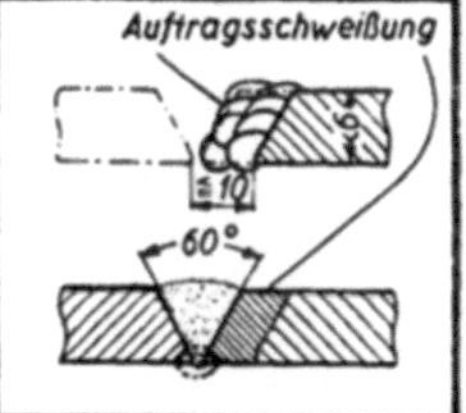 Auftragsschweißung, ≦ 10, 60°
	> 10 mm	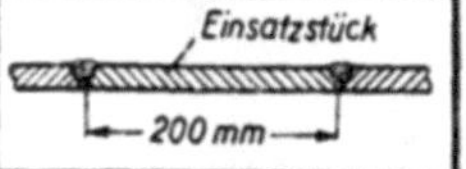 Einsatzstück, 200 mm
Kehlnaht	≦ 3 mm	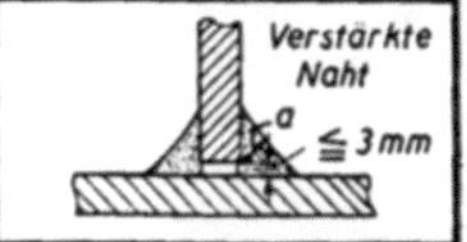 Verstärkte Naht, a ≦ 3 mm
	3 mm ÷ S1	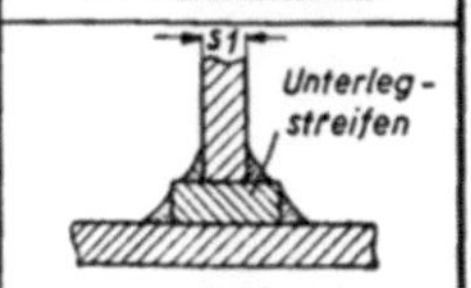 S1, Unterlegstreifen
	> S1	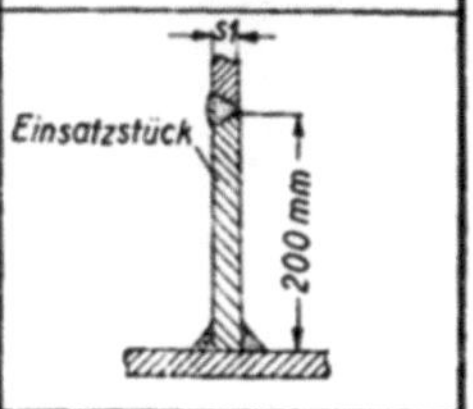 S1, Einsatzstück, 200 mm

Bild 32. *Maßnahme bei zu großem Fugenabstand bei Stumpfnähten*

23

Maßnahmen zur Beherrschung der Schrumpfspannungen bei der Konstruktion

Der Schiffskörper stellt einen Hohlträger dar, der hohen, im Hauptdeck und Schiffsboden ständig zwischen Zug und Druck wechselnden Biegebeanspruchungen unterworfen wird. Solange der Kraftfluß harmonisch verläuft und die Spannungen die Berechnungswerte nicht überschreiten, bilden diese Beanspruchungen keine Gefahr. Wird aber der Kraftfluß durch zusätzliche Spannungen wie Schrumpfspannungen und Kerbwirkungen gestört, so kann schon bei relativ geringen Betriebsbeanspruchungen der Werkstoff örtlich erschöpft werden und Trennbrüche verursachen. Diesem Gesichtspunkt muß der Konstrukteur bei geschweißten Schiffskörpern Rechnung tragen.

Folgende Grundregeln sind dabei richtungweisend:
1. Schweißnahtquerschnitte nicht größer als notwendig bemessen (vergl. Abschn. IV) B i l d 3 2.
2. Schweißnähte in Symmetrie anordnen, damit bei der Ausführung durch geeignete Schweißfolgen die Möglichkeit gleichmäßigen spannungsfreien Schrumpfens gegeben ist.
3. Den Abstand paralleler Nähte so groß wählen, daß sich die Schrumpfspannungen nicht überdecken, sondern möglichst gleichmäßig über den betreffenden Querschnitt verteilen. Der Germanische Lloyd schreibt als Mindestabstand 200 mm vor.
4. Nahtkreuzungen durch Ausschnitte vermeiden (B i l d 3 3).
5. Überlappte Kehlnahtverbindungen möglichst vermeiden und durch V- oder X-Nahtschweißungen ersetzen.
6. Schweißnähte an kaltverformten Bauteilen, wie z. B. an den Bördelungskanten von Randplatten, in einem Abstand von mindestens 30 mm von den kaltverformten Stellen vorsehen.

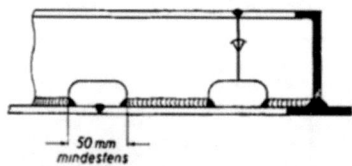

Bild 33. Ausschnitte bei Nahtkreuzungen nach den Vorschriften des Germanischen Lloyd

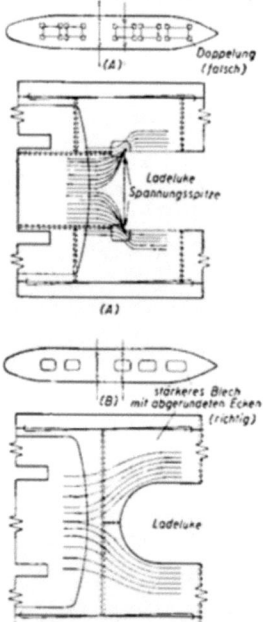

Bild 34. Spannungsverteilung am Rande von Ladeluken von USA-Schiffen (18)
A = alte Konstruktion
B = Vorschlag zur verbesserten Neukonstruktion

7. Störungen des Spannungsflusses, die Kerbwirkungen verursachen, vermeiden. So z. B. Ausschnitte im Festigkeitsverband wie Ladeluken und dergleichen möglichst nicht eckig ausführen, sondern abrunden, allmähliche Übergänge bei Verbindungen von Platten unterschiedlicher Dicke vorsehen, notwendige Verstärkungen möglichst durch Einschweißen dickerer Platten und nicht die Erhöhung der Wandstärke durch Doppelungen vornehmen. Die Nichtbeachtung dieser letzten Regeln war eine der hauptsächlichen Ursachen der größeren vorerwähnten Schadensfälle an den USA-Schiffen. Die meisten Risse nahmen ihren Ausgang mittschiffs an den durch Doppelungen verstärkten Ecken der Ladeluken, da sich hier infolge des behinderten Kraftflusses starke Störungen des Kraftflusses ergaben. B i l d 3 4 zeigt im Schema die Kraftflußstörung der alten Konstruktion im Vergleich zu dem harmonischen Kraftlinienverlauf einer von M. N. M a l t s e f f (13) vorgeschlagenen Verbesserung mit ovaler Decksöffnung und Anordnung größerer stärkerer Decksplatten, wodurch auf die kraftflußstörenden Verstärkungsplatten verzichtet werden kann.

Maßnahmen zur Beherrschung der Schrumpfspannungen bei der Schweißausführung

Um die Schrumpfungen der Schweißverbindung und die daraus sich ergebenden Verwerfungen und Spannungen[1] möglichst gering zu halten, sind im wesentlichen die folgenden grundsätzlichen Maßnahmen anwendbar:

1. Anordnung unterbrochener Kehlnähte;
2. Verwendung von Elektroden, die geringe Wärmeausbreitung ergeben, wie z. B. nackte, leicht getauchte und Seelenelektroden;
3. Vermeidung unnötig großer Schweißgutmengen;
4. Verringerung der Lagenzahl und Erhöhung der Schweißgeschwindigkeit;
5. Vorgabe durch Spannen und Biegen;
6. Anwendung der Pilgerschrittschweißung;
7. Anwendung geeigneter Schweißfolge;
8. Gleichzeitiges Schweißen in Symmetrie.

Zu 1. Von der unterbrochenen Kehlnahtschweißung wird in Form der Ketten- oder Zickzackschweißung gemäß Bild 35 im Schiffbau für Verbindungen mittelmäßiger Beanspruchung weitgehend Gebrauch gemacht, da hierbei die Schrumpfungen und Verwerfungen wesentlich

Bild 35. Unterbrochene Kehlnähte.
L = Raupenlänge, t = Teilung

geringer sind als bei durchlaufenden Nähten. Die verschiedenen Bauteile, an denen sie angewandt werden darf, sind von den Klassifikationsgesellschaften in Tabellen, in denen auch die Nahtdicken, Raupenlängen und Teilungen vorgeschrieben werden, festgelegt. In wirtschaftlicher Beziehung ist die unterbrochene Naht der durchlaufenden unterlegen, da letztere bei gleicher Festigkeit mit geringerer Nahtdicke ausgeführt werden kann. Bei einem in Bild 36 wiedergegebenen Ver-

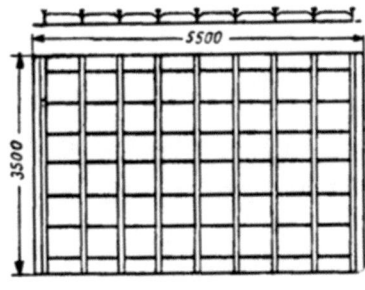

Bild 36. Untersuchung über das Aufschweißen von Versteifungen nach R. Malisius mit durchlaufender (a) und mit unterbrochener (b) Schweißung.
Die durchlaufende Schweißung ergibt größere Schrumpfungen, die Schweißzeiten verhalten sich umgekehrt

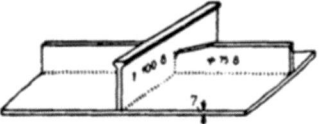 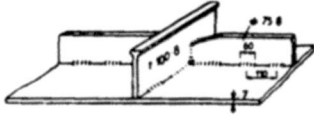

gleichsversuch von Malisius (14) wurden Versteifungen einmal mit 6 mm dicken und 60 mm langen unterbrochenen Raupen an eine 7 mm dicke Blechwand geschweißt und bei einer zweiten Wand mit 4 mm dicken durchlaufenden Kehlen ausgeführt. Die durchlaufende Schweißung ergab dabei zwar etwa 60 % größere Schrumpfwerte, erforderte aber nur etwa ein Viertel weniger Schweißgut und etwa ein Drittel weniger Arbeitszeit als die unterbrochene Schweißung. Für die

---

[1] Unter Spannungen sind in diesem Falle nicht die Eigenspannungen zu verstehen, sondern die Spannungen, die sich bei behinderter Schrumpfung, z. B. beim Schweißen fest eingespannter Teile wie Flicken und dergleichen, ergeben.

durchlaufenden Nähte waren Mantelelektroden verwandt worden; für die unterbrochenen dagegen nackte Elektroden, da sich für die abgesetzten kurzen Schweißungen wegen der Schlackenführung und Kraterbildung Mantelelektroden nicht so gut eignen. Soweit man Kehlnahtschweißungen an freibeweglichen Teilen vornimmt, bei denen man die Schrumpfungen durch Zugaben berücksichtigen und eventuelle Verziehungen leicht nachrichten kann, wird man daher aus Gründen der Wirtschaftlichkeit von der durchlaufenden Naht trotz der größeren Schrumpfung Gebrauch machen.

Nahtform	Schrumpfung	
	quer zur Naht mm	längs der Naht mm/m
Unterbrochene Kehlnaht Zickzack, doppelseitig	0,3	0,2
Unterbrochene Kehlnaht Kette, doppelseitig	0,4	0,2
Durchlaufende Kehlnaht doppelseitig, a = 0,4 · S	0,5	0,3
Durchlaufende Kehlnaht doppelseitig, a = 0,7 · S	0,8	0,4
Überlappte Kehlnaht doppelseitig, a = 0,7 · S	1,0	0,4
Stumpfnaht (V)	2,0	0,4
Stumpfnaht (X)	1,6	0,4

Bild 37: Mittlere Schrumpfmaße für Schweißungen mit Mantelelektroden an Blechen bis 12 mm Dicke. Bei Verwendung von nackten Elektroden ermäßigen sich die Werte um etwa 25 %.

Zu 2. In Bild 37 sind mittlere Schrumpfmaße verschiedener unter normalen Bedingungen hergestellter Verbindungen zusammengestellt. Die Werte gelten für Mantelelektroden bei Blechdicken von 3 bis etwa 12 mm. Bei Verwendung von blanken, leicht getauchten oder Seelenelektroden fallen die Schrumpfmaße um etwa 25 % geringer aus. Die Entscheidung, ob man diese Sorten oder Mantelelektroden verwendet, muß man jedoch in erster Linie nach den Gesichtspunkten der geforderten Schweißnahtqualität treffen. (Vgl. S. 13.)

Zu 3. Bei durchlaufenden Nähten wächst die Schrumpfung mit der Menge des eingebrachten Schweißgutes. Daher soll man sowohl bei Stumpf- als auch bei Kehlnähten nicht mehr Schweißgut in die Naht einbringen, als unbedingt zu ihrer sachgemäßen Ausführung nötig ist. Die vorgeschriebenen Kehlnahtdicken sollen eingehalten und die Überhöhungen von Stumpfnähten nicht übermäßig stark ausgeführt werden. Ergibt sich beim Zusammenbau der Bauteile ein zu großer Fugenabstand, so ist zweckmäßig nach Bild 32 zu verfahren, indem vor dem Füllen der Naht eine Nahtflanke aufgetragen oder ein Zwischenstück eingesetzt wird.

Zu 4. Beim Schweißen in vielen einzelnen Lagen ergibt sich eine starke Winkelschrumpfung. Um diese zu vermeiden, empfiehlt sich die Verwendung gut auftragender Elektroden, das sind z. B. Seelenelektroden und mittelstark umhüllte mit zähflüssigem Schweißgut. Auch die Anwendung dicker Elektroden und hoher Stromstärken kann zum Erfolg führen, wenn die größere Wärmezufuhr durch eine entsprechende Steigerung der Schweißgeschwindigkeit ausgeglichen wird, wie z. B. im Falle der Automatenschweißung. Ein gutes Beispiel hierfür bietet die Ellira-Schweißung, bei der wegen der hohen Schweißgeschwindigkeit und des Schweißens in nur einer Lage kaum eine Winkelschrumpfung eintritt.

Zu 5. Ein im Schiffbau häufig angewandtes Mittel zur Vermeidung des Verbiegens ist das elastische Vorspannen oder plastische Vorkrümmen von Träger-Stegblechen. Der Vorgabewinkel wird dabei so gewählt, daß die Bauteile nach der erfolgten Schrumpfung in der gewünschten Lage sind. Das plastische Vorkrümmen geschieht meist durch Anwärmen und Schrumpfen der Stegblechkante. Es empfiehlt sich, bei dieser Methode mit Vorsicht vorzugehen, da nach R. Malisius (15) in den der Schweißnaht gegenüberliegenden Fasern bedenklich hohe Zugspannungen ergeben.

Zu 6. Die wirksamste Methode, um sowohl die Schrumpfungen und Verwerfungen als auch die bei fester Einspannung auf andere Bauteile sich übertragenden sogenannten Zwangsspannungen gering zu halten, ist die Sprungschritt- und Pilgerschrittschweißung gemäß Bild 38. Die letztere findet im Schiffbau die größere Anwendung. Während bei der üblichen durchgehenden Schweißung jede neue Elektrode an der heißen Endstelle der mit der jeweilig vorhergehenden Elektrode geschweißten Raupe gezündet wird und somit die Erwärmung hierdurch ständig ansteigt, wird die Nahterwärmung bei der Pilgerschrittschweißung klein gehalten, da der zweite Schritt nicht am Ende des ersten Schrittes beginnt. Während die geringeren Schrumpfmaße und Zwangsspannungen der Pilgerschritt- und Sprungschrittschweißung auf die geringere Erwärmung der Nahtzone zurückzuführen sind, erklären sich die geringeren Verwerfungen außerdem dadurch, daß die Eigenspannungen der Schweißverbindungen in kurzen Abständen, etwa im Rhythmus der Schweißschritte zwischen Druck und Zug wechseln (16).

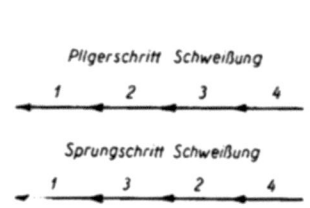

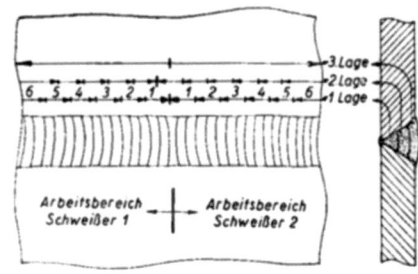

Bild 38. Pilger- und Sprungschrittschweißung

Bild 39. Ausführung einer Stumpfnaht durch 2 Schweißer unter Anwendung der Pilgerschrittschweißung für die unteren Lagen

Zu 7. Ein weiteres wirksames Mittel ist die Aufteilung längerer Nähte in verschiedene entgegengesetzt laufende Schweißwege. Diese Methode läßt sich am besten an Hand des Schweißschemas in Bild 39 erklären, mit dem gezeigt wird, wie die Verbindung zweier größerer Platten am zweckmäßigsten durchgeführt wird. Die Schweißung erfolgt durch zwei Schweißer, die beide in der Mitte beginnend in Richtung des Plattenrandes schweißen. Die beiden ersten Lagen erfolgen im Pilgerschritt, die Decklage wird dagegen durchgehend geschweißt. Die Anwendung der Pilgerschrittschweißung für die Decklage ist, wenn bereits vorher zwei kräftige Lagen eingebracht sind und der Plattenverband damit genügend Steifigkeit erreicht hat, nicht mehr erforderlich. Das Schweißen von der Mitte nach außen, das natürlich auch angewandt werden kann, wenn nur ein Schweißer angesetzt wird, ist eine der wichtigsten Grundregeln des Schiffbaues. Diese Grundregel bezieht sich nicht nur auf die einzelne Naht, sondern hat besondere Wichtigkeit beim Schweißen ganzer Verbände sowie überhaupt beim Zusammenbau des ganzen Schiffskörpers, damit alle wesentlichen Schrumpfungen sich unbehindert auswirken können.

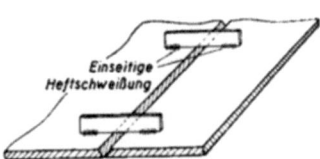

Bild 40. Schweißfolge beim Zusammenschweißen von Außenhaut- oder Decksbeplattungen in Pilgerschritt (16) in Reihenfolge der angegebenen Zahlen

Bild 41. Einseitig geheftete Ausgleichsbleche an Stelle der üblichen Heftschweißungen in der Naht (die Ausgleichsbleche sind nur einseitig zu heften, um ein Abschlagen zu ermöglichen)

Beim Schweißen der Außenhautbeplattung oder der Decks hat sich die Schweißfolge des im Bild 40 wiedergegebenen Beispiels von W. Liebig (17) bestens bewährt. Die Platten werden dabei nicht in der Naht geheftet, sondern durch sogenannte Ausgleichsbleche, die nach dem Legen der Wurzel entfernt werden, gehalten (Bild 41). Man beginnt bei der Schweißung in der Mitte des Verbandes und geht von hier aus strahlenförmig nach außen. Man muß darauf achten, daß die jeweilige Anschlußplatte der Querschrumpfung nachgeben kann.

Bezüglich der Schweißfolge beim Zusammenbau des ganzen Schiffskörpers auf dem Helling haben sich die im Jahre 1938 von Franz Claassen (18) aufgezeigten Richtlinien bestens bewährt. Danach wird mit dem Aufbau auf dem Helling von Mitte Schiff aus begonnen und nach den Enden zu weitergearbeitet. Um die Schrumpfung nicht zu behindern, müssen sich die Stücke an den Rändern frei bewegen können. Eine feste Randeinspannung der Stücke ist daher beim Schweißen möglichst zu vermeiden. Beim Aufbau im Boden werden zuerst die Außenhautstöße geheftet und fertiggeschweißt. Dann werden die Bodenstücke und die Längsspanten aufgestellt, mit der Außenhaut zusammen ausgerichtet und mit dieser durch leichte Heftstellen verbunden. Anschließend schweißt man die Längsspanten und sonstige längslaufende Bauteile mit der Außenhaut fertig. Das Fertigschweißen der Bodenstücke mit der Außenhaut wird möglichst lange hinausgeschoben, und zwar aus folgenden Gründen: Beim Schweißen der oberen Bauteile des Schiffskörpers besteht die Gefahr, daß sich das Schiff an den Enden von der Pallung (Unterlage) abhebt. Durch entsprechende Maßnahmen läßt sich dieses Abheben vermeiden oder wenigstens auf ein tragbares Maß beschränken. Soweit der Bau des Schiffes es erlaubt, läßt man im Boden eine Reihe Schweißnähte offen. Hierdurch schafft man gewissermaßen eine Ausdehnungsreserve. Am wirksamsten sind die querlaufenden Kehlnähte zur Verbindung der Bodenstücke oder der Bodenspanten mit der Außenhaut. Diese schweißt man also zweckmäßig möglichst spät. Um das Schiff auf gradem Kiel zu halten, sind einige weitere Maßnahmen zu beachten: Bei der Randverbindung der Längs- und Querschotte sowie bei den Anschlußstellen dieser Schotte sind die Schweißwege möglichst von oben nach unten zu wählen, was bei Anwendung der Pilgerschrittschweißung keine Schwierigkeit macht. Die oberen Decks sind zuerst in sich vollkommen fertigzuschweißen, bevor die Randverbindung mit der Außenhaut hergestellt wird. Weiter sind die Längs- und Querwände langer Aufbauten der Decks in sich fertigzuschweißen und dann erst mit dem Deck zu verbinden. Als ein sehr wirksames Mittel gegen das Abheben des Schiffes von der Pallung ist die Schaffung von Ausgleichsnähten zu empfehlen. Zu diesem Zweck läßt man an den Schiffsenden Decks-, Außenhaut- und Längsschottenstöße offen. Dadurch entstehen an diesen Stellen gewissermaßen Gelenke. Diese Nähte und Stöße werden dann zum Schluß mit dem mittleren Schiffskörper verschweißt. Wenn erforderlich, müssen auch Längsnähte in der Kimm offen bleiben und möglichst spät geschweißt werden. Bei kleineren Schiffen lassen sich die Schiffsenden durch Gewichtsbelastung an der Pallung halten.

Bei der Sektionsbauweise gilt in bezug auf die Schweißfolge die gleiche Regel, die im vorhergehenden beschrieben wurde, wie das in Bild 8 wiedergegebene Schema von G. Lehmann (19) zeigt. Beim Zusammenschweißen der Sektionen müssen die Verbindungsnähte an allen wichtigen Punkten des Umfanges gleichzeitig in Angriff genommen werden, um unzulässige Druckspannungen zu vermeiden.

Z u 8. Eine Maßnahme, von der man sowohl bei X-Nähten als auch bei doppelseitigen Kehlnähten möglichst weitgehenden Gebrauch machen soll, ist das gleichzeitige Schweißen beider Seiten.

Auf jeder Seite setzt man einen oder mehrere Schweißer an und ordnet sie gegeneinander etwas versetzt an, damit ihre Lichtbögen nicht gegenüberliegen. Bei der X-Naht kann natürlich die zweite Schweißergruppe erst beginnen, wenn die von der ersten Gruppe geschweißte Wurzel ausgearbeitet ist.

Verwendung eines geeigneten Schiffbaustahles

Je mehr ein Schiffbaustahl dazu neigt, bei schlagartig auftretenden Beanspruchungen verformungslos zu brechen, desto größer ist die Gefahr, daß ein aus ihm hergestellter Festigkeitsverband bei plötzlich auftretenden Schweißnahtrissen völlig durchbricht, wie es bei einer Anzahl von USA-Schiffen der Fall war.

In Deutschland stellte H. Schmidt (20) in einer größeren Untersuchung an Schiffbaustählen St. 52 fest, daß die Sprödbruchneigung um so geringer wird, je gleichmäßiger und zahlreicher der Stahl mit feinen Einschlußzeilen durchsetzt ist (Bild 42). Diese Einschlußzeilen, die sich besonders günstig bei voll beruhigten mit Aluminium vergossenen M-Stählen ausbilden, haben die Eigenschaft, plötzlich auftretende Risse abzulenken und aufzufangen, wodurch die Bildung von Spröd- oder Trennbrüchen verhindert wird.

Bild 43. Einfluß der Einschlußzeilen im Stahl auf die Eindringtiefen von Schweißnahtrissen, ersichtlich an längs-geschnittenen Zerreißproben (20).
a: Stahl mit günstiger Einschlußzeilen-Verteilung
b: Stahl mit ungleichmäßig verteilten Einschlüssen

Die in Bild 43 wiedergegebenen Längsschnitte durch Zerreißproben, deren aufgetragene Raupen Querrisse bildeten, zeigen bei der oberen Probe deutlich die Wirksamkeit der Einschlußzeilen an der starken Verästelung der Anbruchausläufe. Bei der unteren Probe sind die Anbruchausläufe scharf ausgebildet, da weniger gleichmäßig verteilte Einschlußzeilen im Stahl vorhanden waren.

Im amerikanischen Schiffbau wurden die Untersuchungen der Sprödbruchneigung auf das Verhalten bei tiefen Temperaturen abgestimmt, da sich die aufgetretenen Schadensfälle, wie bereits erwähnt, gewöhnlich bei Temperaturen um den Nullpunkt ereigneten. Dem Bericht des amerikanischen Schiffbauausschusses (21) vom 1. April 1948 läßt sich entnehmen, daß die Temperatur, unterhalb der spröde Brüche nach verhältnismäßig kleiner Energieaufnahme eintreten, bei den vollberuhigten, mit Aluminium vergossenen Stählen am niedrigsten ist. Die Untersuchungen wurden an zentrisch gekerbten Flachzugproben vorgenommen. In der Zahlentafel von Bild 44 sind einige charakteristische Stähle dieser Untersuchungen mit ihren technischen Werten zusammengestellt.

Stahl Nr.	Herstellungsart und Zustand	Streckgrenze kg/mm²	Zugfestigkeit kg/mm²	Umwandlungstemperatur[1] °C	Chemische Zusammensetzung in %					
					C	Si	Mn	P	S	Al
E	unberuhigt Walzzustand	21,1	40,1	+ 32	0,20	0,01	0,38	0,013	0,020	0,009
Dr	voll beruhigt Walzzustand	26,4	45,8	+ 4	0,22	0,21	0,55	0,013	0,024	0,020
Dn	voll beruhigt normalgeglüht	24,5	41,8	− 15	0,19	0,19	0,54	0,011	0,024	0,019
F	voll beruhigt Walzzustand	23,9	42,7	− 12	0,18	0,15	0,82	0,012	0,031	0,054
G	voll beruhigt Walzzustand	29,0	49,3	− 23	0,20	0,19	0,86	0,020	0,020	0,045
H	voll beruhigt Walzzustand	28,0	44,4	− 26	0,18	0,16	0,76	0,012	0,019	0,053

Bild 44. Zusammenstellung von Ergebnissen amerikanischer Untersuchungen an verschiedenen Schiffbaustählen mit zentrisch gekerbten Flachproben (21).

[1] Temperatur, bei deren Unterschreitung spröde Brüche nach verhältnismäßig geringer Energieaufnahme eintreten, ermittelt an 305 mm breiten zentrisch gekerbten Flach-Zugproben.

Die amerikanischen Ergebnisse lassen in Verbindung mit den vorgenannten an deutschen Schiffbaustählen gemachten Feststellungen schließen, daß es im Sinne der Gewährleistung größtmöglicher Sicherheit angebracht erscheint, für das Schweißen hochbeanspruchter Schiffbauteile vollberuhigten, möglichst mit Aluminium vergossenen Stahl vorzuschreiben. Ungeklärt ist noch die Frage, ob es, um alle Eventualitäten auszuschließen, notwendig ist, die Sprödbruchunempfindlichkeit durch eine besondere Prüfung nachzuweisen. Vorbedingung hierfür wäre ein einfaches im Rahmen der üblichen Werkstoff-Abnahme anwendbares Prüfverfahren. Nach H. S c h m i d t zeigt die Kerbschlagprobe (DVM, Walzrichtung) eine gute Übereinstimmung mit der Sprödbruchneigung. Der Grenzwert, oberhalb dem an St. 52 bei Normaltemperatur keine Sprödbrüche mehr auftraten, betrug 16 mkg/cm², ein Wert, der von normal- oder spannungsfreigeglühtem Stahl St. 52 meist weit überschritten wird. Der Einführung der DVM-Kerbschlagprobe steht entgegen, daß bisher nur Versuche bei Normaltemperatur, und zwar nur an St. 52 durchgeführt wurden, während für den im Schiffbau heute hauptsächlich verwandten Stahl mit 41—50 kg/mm² Festigkeit keine Vergleichswerte vorliegen, und daß sich ferner nach den amerikanischen Berichten der normale Kerbschlagversuch zur Beurteilung des Verhaltens bei niedrigen Temperaturen weniger gut eignet als zentrisch oder exzentrisch gekerbte Flach-Zugproben. Es wäre wünschenswert, wenn seitens des deutschen Schiffbaues und der deutschen Stahlwerke in dieser Richtung vergleichende Forschungen aufgenommen würden.

Zusammenfassung

Das Schweißen im Schiffbau nahm seinen Ausgangspunkt vor etwa vierzig Jahren mit der Anwendung der autogenen Schweißerei zu Reparaturzwecken. Einer allgemeinen Einführung standen die Nachteile der großen Wärmezone und die hohen Schrumpfungen entgegen. Die Vervollkommnung der Elektroschweißung vermied diese Nachteile und bahnte nach dem ersten Weltkrieg eine allgemeine Anwendung mit dem Ziel der vollkommen geschweißten Schiffe an.
Eine besondere Leistungssteigerung ergab sich durch die Einführung der Sektionsbauweise in Verbindung mit dem vollautomatischen Schweißverfahren.
Die Anwendung der Schweißtechnik brachte erhebliche Vorteile hinsichtlich der Dichtschweißungen, Steigerung der Festigkeit gegenüber der genieteten Ausführung, einer Gewichtsersparnis von bis zu 21% und einer Steigerung der Geschwindigkeit durch verringerten Schiffswiderstand.
Bei den Schweißanlagen wird aus Gründen der Wirtschaftlichkeit die Wechselstromschweißung in steigendem Maße eingeführt, besonders seit geeignete Manteldrähte entwickelt wurden. Bei der Elliraschweißung werden nur blanke Drähte verschweißt.
Besondere Beachtung verdienen die Maßnahmen zur Beherrschung der Schrumpfungen bei der konstruktiven Gestaltung und bei der praktischen Schweißung im Betrieb. Für beide Fälle werden eine Reihe von Leitsätzen aufgestellt, die genau beachtet werden müssen. Die Auswahl eines geeigneten Schiffbaustahles mit guter und sicherer Verschweißbarkeit ist von großer Bedeutung.

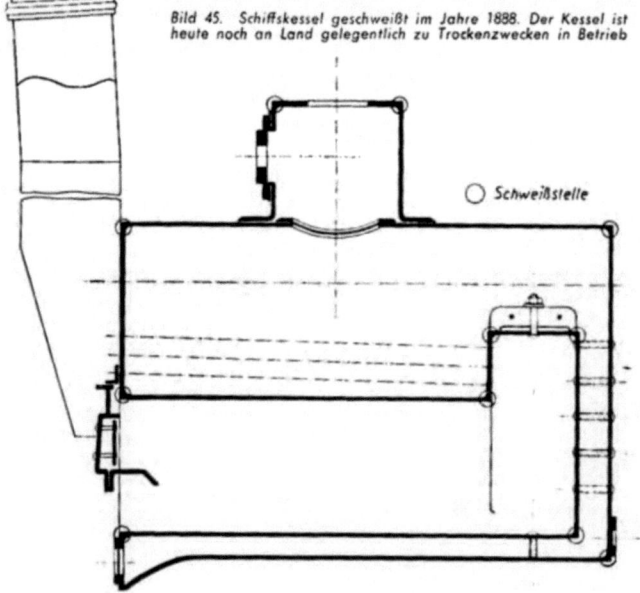

Bild 45. Schiffskessel geschweißt im Jahre 1888. Der Kessel ist heute noch an Land gelegentlich zu Trockenzwecken in Betrieb

III. Das Schweißen der maschinellen Anlagen im Schiffbau

Von Professor Dr.-Ing. habil. K. Krekeler, Aachen, und Dr.-Ing. E. Kauhausen, Düsseldorf

Der Einsatz der Schweißtechnik bei den maschinellen Anlagen der Schiffe hat große Fortschritte gemacht. Man konnte hierbei z. T. auf Erfahrungen bei Landanlagen zurückgreifen.

Das Schweißen von Schiffskesseln

Das Schweißen von Schiffskesseln wurde bereits früh ausgeführt (B i l d 4 5 zeigt auch die Lage der Schweißnähte). Die Ausführung war schon damals so gut, daß dieser Kessel heute noch — wenn auch an Land — in Betrieb ist.

Außer im Kesselbau wird die Schweißtechnik bei Dieselmotoren, Dampfturbinen, Grundplatten, Fundamentrahmen, Abgasleitungen, Schalldämpfern, Absperrorganen u. a. mehr angewandt. Im Nachstehenden soll an einigen Beispielen gezeigt werden, nach welchen Grundsätzen die Schweißtechnik bei diesen Anlagen anzuwenden ist.

Im wesentlichen bedient man sich bei den angeführten Arbeiten der elektrischen Lichtbogenschweißung entweder als Hand- oder als Automaten-Schweißung. Es wird aber auch autogen geschweißt. Ein großes Anwendungsgebiet ist hierfür bei der Auftragschweißung mittels hochwarmfester und korrosionsbeständiger Hartlegierungen (Stellite) gegeben, wie sie für Dampfarmaturen und Dampfregler in Frage kommen.

Die Stahlwerke sind heute in der Lage, Kesselbleche in schweißfester Qualität zu liefern. Da die Hersteller von Schweißelektroden die Entwicklung der Elektroden für das Schweißen im Kesselbau besonders vorwärtsgetrieben haben, werden heute die Dampfkessel auch für die Verwendung auf Schiffen vollkommen geschweißt. Wegen der Größe der im Schiffbau verwendeten Kessel mit ihren langen Nähten bei dicken Wandstärken (etwa 35 mm und mehr) versucht man möglichst von der Handschweißung abzugehen und die automatischen Verfahren der Lichtbogenschweißung zu benutzen. Diese Entwicklung wurde auch dadurch begünstigt, daß die Drücke und Dampftemperaturen immer mehr gesteigert wurden.

Automatische Schweißverfahren

Mit Erfolg wird heute schon in größerem Umfange das Ellira-Schweißverfahren angewendet, welches seine Bewährungsprobe im eigentlichen Schiffbau schon länger bestanden hat (B i l d 46).

Bild 46. Anwendung der Schweißtechnik im Schiffbau beim Hintersteven und Ruder

Das Verfahren wurde bei den Liberty-Schiffen benutzt. Auf B i l d 47 ist das Prinzip dieses Schweißverfahrens zu ersehen (Einzelheiten: Seite 22). B i l d 48 zeigt die Anwendung der Ellira-Schweißung bei Rundnähten im Kesselbau.

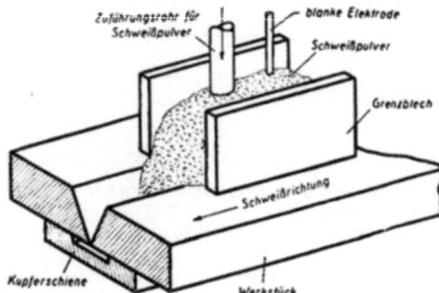

Bild 47. Darstellung des Ellira-Schweißverfahrens (Schema)

Bild 48. Anwendung des Elliraverfahrens im Schiffskesselbau (Rundnaht)

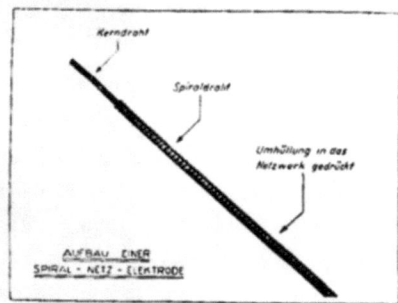

Bild 49a. Aufbau einer Spiral-Netz-Elektrode (Fusarc)

Bild 49b. Fusarc-Schweißdraht mit ausgepreßter Mantelmasse

Bild 50. Schweißen eines Schiffskessels nach dem Fusarc-Verfahren

In England wurde ein zutomatisches Verfahren entwickelt, das sich neben anderen wichtigen Anwendungsgebieten besonders für die Schweißung von Kesseln und Behältern im Schiffbau eignen soll. Dieses sogenannte Fusarc-Verfahren arbeitet auch mit hohen Stromstärken bis zu 1000 A. Als Schweißzusatz-Werkstoff dient ein umhüllter Schweißdraht, der sich von einer Spule aus verschweißen läßt (B i l d   4 9 a). Das ist durch eine besondere Art der Umhüllung möglich. Ein Kerndraht wird mit einem dünnen doppelten spiralförmigen Draht umsponnen, der gleichzeitig in seinen Zwischenräumen die Umhüllungsmasse aufnimmt und als Stromleiter dient (B i l d   4 9 b). Diese Automaten haben eine hohe Schweißleistung (B i l d   5 0). Die technologischen Eigenschaften der Schweißnaht sind sehr gut.

In ähnlicher Weise arbeitet ein neues österreichisches automatisches Schweißverfahren, mittels des sogenannten Elin-Mantelketten-Schweißkopfes (B i l d   5 1). Hierbei wird dem von einer Spule ablaufenden blanken Schweißdraht kurz vor der Schweißstelle von zwei gesonderten Spulen die sogenannte Mantelkette mit halbringförmigem Querschnitt zugeführt, die den nackten Schweißdraht beim Durchlaufen umhüllen.

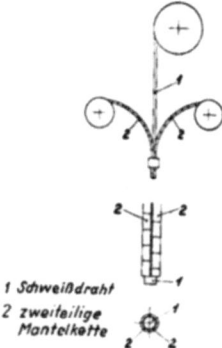

1 Schweißdraht
2 zweiteilige Mantelkette

Bild 51. Elin-Mantelketten-Schweißautomaten

Bild 52. Ansicht des Elin-Mantelketten-Schweißautomaten

Die Mantelketten bestehen aus Preßlingen der jeweils notwendigen Umhüllungsmasse, die bei einer Einzellänge von 15 mm einen halbringförmigen Querschnitt haben und durch zwei eingepreßte Stromführungsdrähte miteinander verbunden sind. Eine Kettentrommel enthält etwa 2,5 kg Mantelketten, das sind bei einem 5-mm-Draht etwa 60 m nutzbare Schweißlänge. Diese Mantelketten schließen sich in einer Zentrierdüse zu einer vollständigen Umhüllung zusammen. Die Stromzufuhr erfolgt durch den eingepreßten Draht (Bild 52). Mit dieser neuen Apparatur lassen sich besonders hochwertige automatische Verbindungsschweißungen herstellen, wie sie für Kesselanlagen erforderlich sind.

In diesem Zusammenhang ist auch das Einlegeschnellschweißverfahren, das von Linde und SSW entwickelt wurde, zu erwähnen, das wegen seines geringen Aufwandes besondere Bedeutung hat. Der als Elektrode dienende blanke Draht wird in die zu schweißende Fuge auf eine gleichmäßige Unterlage von losem Schweißpulver gelegt. Dann setzt man die Kontaktrolle oder eine ähnliche Apparatur für die Stromleitung in einer kurzen Entfernung vom Drahtende auf und fährt vom Rand über den Draht (Bild 53).

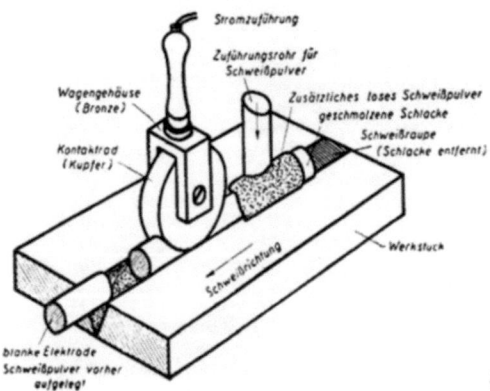

Bild 53. Einlege-Verfahren

Nach Zündung des Lichtbogens wird das abschmelzende Elektrodenstück mit zusätzlich aufgebrachtem losen Pulver abgedeckt. An der Bewegung des Pulvers kann man, ähnlich wie bei dem Elliraverfahren, den ordnungsmäßigen Ablauf des Schweißvorganges erkennen. An dieser Stelle ist auch das Elin-Hafergut-Verfahren zu erwähnen, das neuerdings wieder mit gutem Erfolg angewendet wird. Hierbei wird eine ummantelte Schweißelektrode in die Fuge eingelegt und durch eine Kupferschiene angedrückt. Die Elektrode wird durch einen Kohlelichtbogen am Ende gezündet und brennt dann am Stabe entlanglaufend ab. Die Länge des Lichtbogens ist gleich der Umhüllungsstärke (Bild 54). Die Elektroden haben bis zu 2 m Länge.

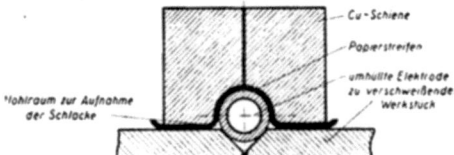

Bild 54. Elin-Hafergut-Verfahren

Das Schweißen von Schiffskesseln würde wahrscheinlich in noch größerem Umfange durchgeführt werden, wenn nicht vielen einschlägigen Kesselschmieden die großen Glühöfen fehlten, die notwendig sind, um die Kessel nach dem Schweißen spannungsfrei zu glühen. Diese Wärmebehandlung ist aber bei großen geschweißten Kesseln unbedingt notwendig.

Auftragschweißung im Schiffbau

Bei Behältern, Leitungen und Armaturen muß im Schiffbau beachtet werden, ob die genannten Teile mit Seewasser in Berührung kommen oder nicht. Die nicht durch Seewasser gefährdeten Teile werden vielfach geschweißt, während man im anderen Fall Stahlguß vorzieht. Bei Kondensatoren wird der zylindrische Teil oft geschweißt, während der Kopf in Gußausführung verwendet wird. Als Beispiel für die Schweißung an Schiffsmaschinenarmaturen sei die Schweißkonstruktion eines Schiebers angeführt. Bild 55 zeigt die Schieberzusammenstellung einer solchen Schweißkonstruktion für 125 mm I. N. W., als Werkstoff diente im wesentlichen St. 42. Der Werkstoff muß entsprechend der Beanspruchung der Teile, die der direkten Einwirkung des Mediums ausgesetzt sind, gewählt werden. Für die Spindel nimmt man z.B. bei Öl St. 50, bei Seewasser Sondermessing und bei Dampf chromlegierten Stahl mit 13 %C.

Ebenso sind für die verschiedenen Anwendungsfälle die Dichtungsflächen entsprechend aufgeschweißt, entweder bei Seewasser mit So-Ms-Auflage, oder bei Dampf elektrische Auftragsschweißungen mit einem Stahl von 18 % Crund 8%Ni. Gegebenenfalls sind auch autogengeschweißte Auflagen aus schweißbaren Hartmetallen zu verwenden. Diese geschweißten Schieberkonstruktionen, die vor allem während des Krieges aus Gründen der Zeitersparnis gefertigt wurden, haben sich als zuverlässig erwiesen.

Die Auftragschweißung mit schweißbaren Hartmetallen hat sich bei Armaturen, die mit hochgespanntem Dampf in Berührung kommen, sehr gut bewährt. Diese Legierungen sind nicht nur besonders in hohem Maße warmfest und korrosionssicher, sondern auch widerstandsfähig gegen Kavitation und Erosion.

Zur Vermeidung von Mißverständnissen sei klargestellt, daß solche Auftragsschweißungen von Dichtungsflächen selbstverständlich nicht nur bei Armaturen in Schweißkonstruktion, sondern auch bei normalen Gußarmaturen durchgeführt werden.

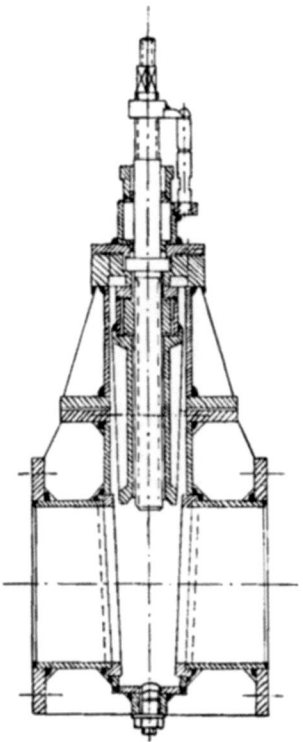

Bild 55. Geschweißter Schieber

Ein Beispiel der Auftragschweißung mit schweißbarem Hartmetall ist beim Bau von Dampfdruckreglern gegeben. B i l d 56 zeigt den Querschnitt eines Dampfdruckreglers. Das gesamte Aggregat ist aus rostsicherem Cr-Stahl hergestellt. Die Führungsbüchse ist mit schweißbarem Hartmetall

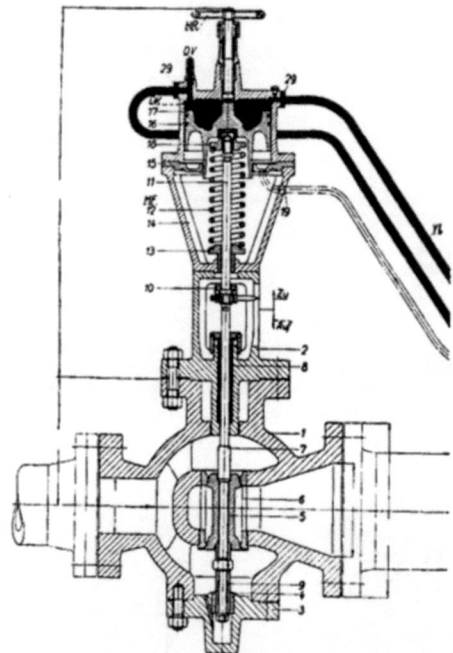

Bild 56. Führungsbüchse eines geschweißten Dampfdruckreglers

gepanzert, um der sehr hohen Verschleißbeanspruchung zu begegnen. Gerade dieses Beispiel ist schweißtechnisch interessant, weil der als Grundwerkstoff dienende Stahl mit hohem Chromgehalt einen niedrigeren Ausdehnungskoeffizienten als das aufzuschweißende Hartmetall hat. Wenn also

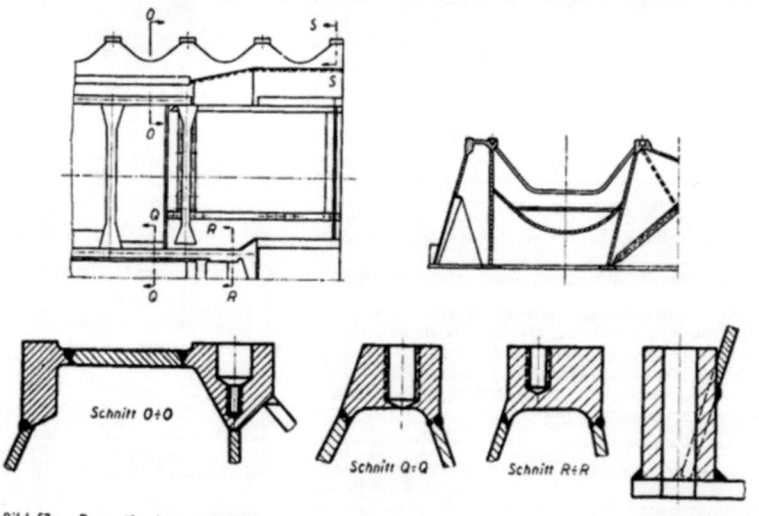

Bild 57a. Doppelfundament (MAN)

das aufgetragene Schweißgut trotz seiner Härte eine gute Zähigkeit aufweisen muß, werden Stellite (Celsit) mit 65 % Co angewendet. Diese haben eine höhere Zähigkeit als solche mit 35% Co, die auf Grund der Legierungslage während des Krieges vielfach Verwendung finden mußten.

Schweißen der Schiffsmaschinen

Von besonderer Bedeutung ist die Anwendung der Schweißtechnik beim Bau von Schiffsmaschinen. Beachtenswert ist hierbei die große Gewichtsersparnis, die durch das Schweißen erreicht wird. Man versucht natürlich mit allen Mitteln, an Schiffen das tote Gewicht zu verringern. Die durch das Schweißen erzielte Gewichtsersparnis beträgt im Durchschnitt 40 bis 50 % gegenüber der Gußeisenausführung.

Bild 57b. Grundplatte für die Hauptmaschine eines Schiffes (MAN)

Man begann zunächst mit der Verwendung von geschweißten Grundplatten. Eine solche Schweißkonstruktion dürfte außer der Gewichtsersparnis auch gegenüber der gegossenen Ausführung von Vorteil sein, wenn bei Schiffsreparaturen und Schiffsumbauten keine großen Serien benötigt

Bild 58. Geschweißte Grundplatte (Hamburg-Maschine; Christiansen & Meyer)

werden, und Modellkosten erspart werden sollen. Die Zeitersparnis kann ebenfalls von Bedeutung sein, wenn die Modellanfertigung in Fortfall kommt. Außerdem lassen sich die geschweißten Grundplatten auf der Werft selbst anfertigen. Bild 57 (a und b) zeigt eine neuzeitliche Grundplatte für die Hauptmaschine eines Schiffes in ganz geschweißter Ausführung (Umbau Ms Uruguay, Deutsche Werft Hamburg). Bei derartigen Arbeiten ist eine schweißgerechte Konstruktion Voraussetzung. Infolge der großen Abmessungen der gesamten Grundplatte und der langen Schweißnähte ist mit Schweißspannungen zu rechnen, denen durch eine sinnvolle Schweißfolge entgegengearbeitet werden muß. Außerdem ist es zweckmäßig, die gesamte Konstruktion spannungsfrei zu glühen.

Wenn die fertige Konstruktion zu groß für die vorhandenen Glühöfen ist, so werden Untergruppen wie Längs- und Querträger, sowie die Lagerstühle einzeln geschweißt, spannungsfrei geglüht und nachher zum gesamten Bauwerk verschweißt. Dadurch hat man dann die Spannungen auf ein erträgliches Maß zurückgeführt.

Bild 58 zeigt eine ganz geschweißte Grundplatte, auf die eine Getriebedampfmaschine Bauart Christiansen und Meyer, die sogenannte Hamburgmaschine, montiert ist.

Das Schweißen von Dampfturbinen und Schiffsdieselmaschinen

Beim Bau von Dampfturbinen und Schiffs-Diesel-Maschinen haben sich die Konstrukteure seit Jahren mit Schweißkonstruktionen befaßt. Hierbei spielt das Problem der auftretenden Schwingungen eine erhebliche Rolle. Im Gegensatz zu der guten Dämpfung einer Gußkonstruktion besteht

Bild 59. Geschweißte Gehäuse und Versuchsstandgrundplatte einer Schiffsturbine (Deschimag A. G., Weser)

natürlich bei geschweißten Konstruktionen von Maschinenständern viel leichter die Möglichkeit, daß Schwingungen auftreten. Durch geeignete Untersuchungen und Bauformen sind aber geschweißte Maschinenkonstruktionen entwickelt worden, die sich gut bewährt haben.

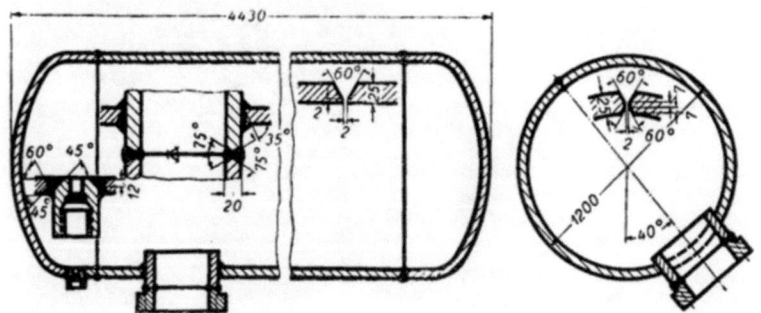

Bild 60. Prinzipskizze eines geschweißten Anlaßbehälters

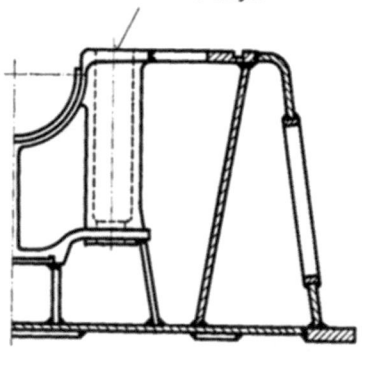
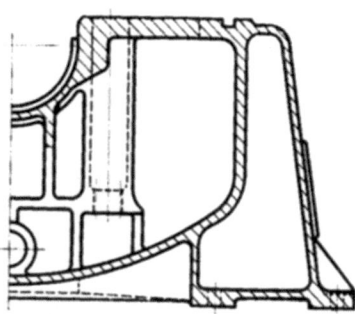

Geschweißte Grundplatte
Gewicht 6,4 to

Gußeiserne Grundplatte
Gewicht 15 to

Bild 61. Grundplatte (MAN)

B i l d 5 9 zeigt das Gehäuse einer Schiffsturbine, Bauart Deschimag-AG., Weser, in kombinierter Guß- und Schweißkonstruktion. Dieses Beispiel ist auch deshalb von Interesse, weil die Grundplatte ebenfalls geschweißt ist. Wie ersichtlich, sind die wesentlichen tragenden Teile des Maschinenrahmens in Schweißkonstruktion ausgeführt. Man wird diese oder ähnliche Konstruktionen auch weiterhin beim Bau von Schiffsturbinen anwenden.

Schiffsdieselmaschinen werden in Deutschland bereits seit vielen Jahren mit Erfolg bis zu den größten Einheiten in Schweißkonstruktion hergestellt. Man fängt beim Anlaßbehälter an und über Fundamentrahmen, Grundplatte, Maschinengestelle usw. wird, bis zur wassergekühlten Auspuffleitung, alles geschweißt.

Im Nachstehenden werden für einige charakteristische Beispiele die geschweißte und gegossene Ausführung einander gegenübergestellt.

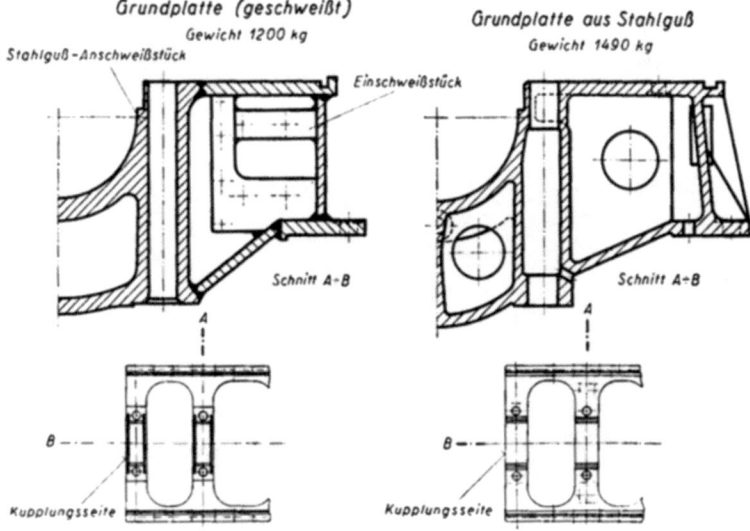

Bild 62. Grundplatte (MAN)

B i l d 6 0 zeigt die Prinzipskizze eines geschweißten Anlaßbehälters für 30 atü und 4500 l Fassungsvermögen. Die wichtigsten Schweißnähte sind in ihren Abmessungen und in ihrer Form festgelegt, so daß ein genauer Schweißplan aufgestellt werden kann. Für die Behandlung der Schweißnähte nach dem Schweißen wird die Wärmebehandlung vorgeschrieben.

Von einer Grundplatte werden zwei Ausführungsarten jeweils gegossen und geschweißt dargestellt (B i l d 6 1 und B i l d 6 2)[1]. Bei der gegossenen Ausführung ist Grauguß berücksichtigt.

Bei der geschweißten Ausführung ist zu erkennen, daß man bei dem dargestellten Abschnitt die Verbundbauweise, also eine Kombination aus Stahlgußstücken bzw. Schmiedestücken und Einschweißstücken angewendet hat. Den Lagerstuhl wird man wegen seiner schwierigen Form aus

Bild 63a. Geschweißte Grundplatte (Längsseite) MAN, Augsburg

Stahlguß herstellen und den Übergang zur reinen Schweißkonstruktion durch Einschweißstücke, die ebenfalls als Stahlguß oder Schmiedestück ausgebildet sind, sicherstellen. B i l d 6 3 a und B i l d 6 3 b zeigen eine geschweißte Grundplatte in verschiedener Ansicht.

Als besonderer Vorteil der geschweißten Maschinengestellausführung wird die leichte Auswechselung der Zylinderbüchsen gewertet, die sich in einem Drittel der früheren Zeit durchführen läßt. Wenn zum Schluß noch die geschweißte und gegossene Ausführung einer wassergekühlten Auspuffleitung gebracht wird (B i l d 6 4), so sieht man hier besonders deutlich, wie leicht und einfach man eine Schweißkonstruktion bauen kann.

Sonstige Anwendungsgebiete der Schweißtechnik

Außer den im vorstehenden beschriebenen Anwendungsgebieten bleibt noch ein weites Feld für die Anwendung der Schweißtechnik.

Außer Rohrleitungen und Schächten lassen sich Entlüftungen und Kühlanlagen schweißen. Ein weiteres Gebiet ist bei Hilfsmaschinenwinden und Ankerspillen gegeben (B i l d 6 5). Die Lade-

Bild 63b. Geschweißte Grundplatte (Stirnseite) MAN, Augsburg

[1] Die Gewichte der geschweißten und gegossenen Grundplatte sind nicht untereinander vergleichbar, da die Grundplatten jeweils für verschiedene Schiffsmaschinengrößen bestimmt sind.

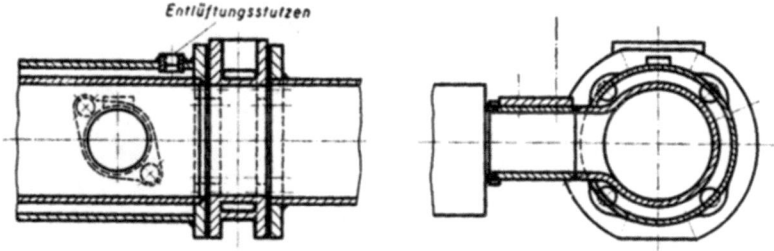

Geschweißte wassergekühlte Auspuffleitung

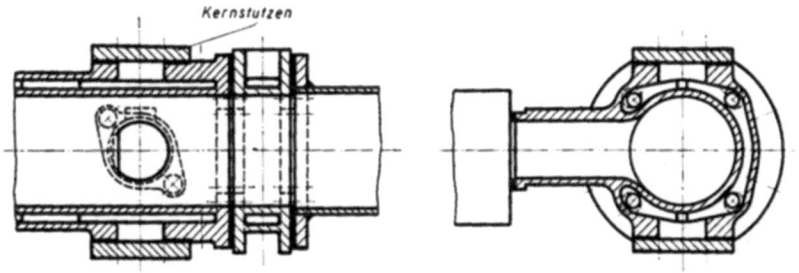

Gußeiserne wassergekühlte Auspuffleitung

Bild 64. Auspuffleitung (MAN)

bäume erhalten eine gefälligere Form bei erhöhter Tragfähigkeit. Die Masten werden ebenfalls Ellira-geschweißt (B i l d 66). Wenn man mit einer Lage nicht auskommt, legt man mehrere nebeneinander und übereinander.

Bild 65. Geschweißtes Ankerspill

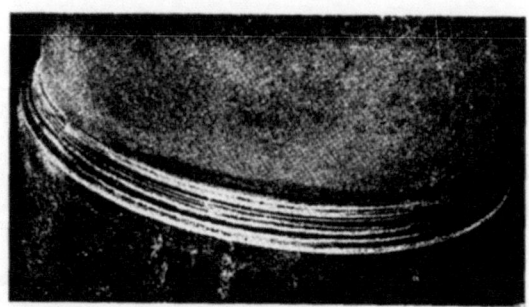

Bild 66. Mehrlageschweißung nach dem Elliraverfahren bei einem Schiffsmast

Zusammenfassung

Zusammenfassend kann festgestellt werden, daß die Schweißtechnik auch auf die maschinellen Einrichtungen im Schiffbau mit Erfolg angewendet werden kann. Dies gilt vor allem für die Kessel, die Turbinen und die Dieselmotoren. Die Auftragschweißung wird nutzbringend angewendet bei korrodierenden Einflüssen und hohen Temperaturen. Allerdings setzt das Verschweißen von Werkstoffen mit hohen Legierungsgehalten von Chrom und Nickel große Erfahrung voraus.

Auch bei den übrigen Schiffseinrichtungen ergibt sich ein weites Feld für die Anwendung der Schweißtechnik.

Der Hauptvorteil im Schiffbau beruht auf der Werkstoff- und Gewichtseinsparung der geschweißten Ausführung.

Literaturangaben

1. K. Krekeler — Die Entwicklung des Metallspritzens seit dem Jahre 1938. Schweißen und Schneiden, Jahrg. 1 (1949), H. 9, S. 153/158.
2. Burkhardt — Der Einfluß des Kriegsschiffbaues auf die Entwicklung der Technik Z VDI Bd. 81 (1937), S. 1028.
3. Burkhardt — Werft, Reederei, Hafen. Heft 10 vom Mai 1931.
4. Lottmann — Schweißen im Schiffbau, Schiffbau, Schiffahrt und Hafenbau (1932), Heft 13, S. 204.
5. H. Schmidt — Schiffbau, Schiffahrt und Hafenbau 1942, Heft 16, S. 369—373.
6. E. C. Powers — Metal Progr. 40 (1941), Nr. 3, S. 318/19.
7. W. Strelow — Masch.-Bau Betrieb 6 (1927), S. 549/53, 610/14 und 664/66.
8. Howard L. Vickery — Welding Journal 23 (1944) 11, S. 1012.
9. Werft, Reederei, Hafen Band 18 (1937), S. 318/320.
10. R. Reutebuch — Feinwerk-Technik, Heft 6 (1949), S. 166.
11. F. G. Outcalt u. J. M. Keir — Welding Journal 21 (1942), Nr. 1, S. 10/14.
12. Design of Merchant Vessels — Welding Journal 23 (1944) 9, S. 794/807.
13. M. N. Maltseff — Welding Journal 23 (1944) 10, S. 909/910.
14. R. Malisius — Der Weg zum wirtschaftlichen Schweißen, Verlag Carl Marhold, Halle (Saale), S. 17—19.
15. R. Malisius — Elektroschweißung 14 (1943), S. 29/35.
16. E. Siebel u. M. Pfender — Arch. Eisenhüttenw. 7 (1933/34), S. 407/15.
17. W. Liebig — Die Technik Bd. 4 (1949) 1, S. 36.
18. Franz Claassen — Werft, Reederei, Hafen (1938) 18, S. 274.
19. G. Lehmann — VDI-Zeitschrift 90 (1948) 7, S. 195/196.
20. H. Schmidt — Schiffbau, Schiffahrt, Hafenbau 43 (1942) 2, S. 25/40.
21. Weld. Res. Counc. — 13 (1948) 7, S. 377/384.